Ekstase im Kopf

Der Weg zum Höhepunkt ohne Berührung

Kapitel 2: Energien und ihre Ausrichtung

Kapitel 3: Wozu und Warum?

Kapitel 4: Erwartungen und Chancen

Vorwort

Jeder Mensch sehnt sich nach der perfekten Liebesbeziehung und einer erfüllten Sexualität.
Doch oft scheint dies schwieriger, als es tatsächlich ist.
In diesem Buch geht es in erster Linie um eine erfüllte Liebesbeziehung zu dir selbst.
Denn auch wenn wir einen anderen Menschen an unserer Seite haben und schätzen oder in unser Leben lassen wollen, steht oft das Thema im Vordergrund, sich fallen lassen zu können, sich und die eigenen Bedürfnisse voll und ganz anzunehmen.
Es geht darum, authentisch mit sich und seiner Sexualität umzugehen, sich selbst zu akzeptieren und Scham, Zweifel sowie Kontrolle loszulassen.
Denn Sexualität ist weitaus mehr als nur körperliche Befriedigung – sie umfasst alle Ebenen unseres Seins.
Lust und Leidenschaft beginnen nicht erst im Schlafzimmer, sondern viel früher.
Und mal ganz unter uns: Es ist eines der edelsten Gefühle, die wir als Menschen erleben und erlernen dürfen – die bedingungslose Liebe zu sich selbst und zu allem, was uns umgibt.
In diesem Buch geht es jedoch um eine ganz besondere Form des sexuellen Ausdrucks und die Stärkung der eigenen Persönlichkeit.
Darüber hinaus handelt es von einer tiefgreifenden Veränderung, die dein Leben bereichern kann.

Es geht um das Verständnis energetischer Gesetze und darum, wie wir dadurch unserem Leben eine neue Richtung geben können.
Es geht um den Höhepunkt ohne Berührung.
Dies ist meines Erachtens die höchste Form der sexuellen Erfahrung, die man für sich selbst und auch mit einem anderen Menschen erreichen, erleben und ausleben kann.
Es ist ein Erkennen von Energien, von Austausch und Verwandlung.
Es beinhaltet die reinste Form von Hingabe und Erleben, Vergnügen und Befriedigung.

Aber nicht nur das:
Für mich war das Faszinierendste zu erleben, wie sich die menschliche Energie ins Unermessliche steigern und ausweiten kann, sodass der Höhepunkt als solcher keine Rolle mehr spielt, sondern ein viel stärkeres Gefühl erzeugt wird.
Es gibt nichts Vergleichbares, zumindest habe ich nie etwas Vergleichbares erlebt.
Dies kann dir auch dabei helfen, den perfekten Partner oder die perfekte Partnerin zu finden und in dein Leben zu ziehen – ein schöner Nebeneffekt.
Wenn du Single bist und den idealen Partner in deinem Leben haben möchtest, wirst du diesen mit dieser Methode ebenfalls anziehen können, denn Gleiches zieht Gleiches an.
Je höher deine Schwingung, desto hochwertiger ist die Qualität.

Dies gilt nicht nur für die Sexualität, sondern für jeden Bereich deines Lebens.

Ich vergleiche dies gern mit einem guten Essen:
Wenn wir am Herd stehen und unsere Laune nicht optimal ist, wird das Essen gut, aber eben nur das.
Wenn wir mit Liebe kochen, weil wir uns freuen, etwas Besonderes für uns und unseren Partner zu zaubern, wird das Essen ein Festmahl, auch wenn die Zutaten fast die gleichen sind.
In diesem Buch erfährst du, was du über die verschiedenen Energien wissen solltest, wie du sie erreichen kannst und insbesondere, wie du den Höhepunkt ohne Berührung erlernen kannst.
Ich gebe dir Tipps und Tricks an die Hand, damit du diese Techniken und alle anderen Aspekte der Sexualität in deinem Leben besser verstehen und genießen kannst.
Zu allen Themen schildere ich dir, wie du sie anwenden kannst und was die einzelnen Schritte dafür sind.
Die Übungen können dir auch im Alltag weiterhelfen und dein Leben interessanter, hilfreicher und abenteuerlicher gestalten.
Es spielt dabei keine Rolle, ob du in einer Partnerschaft lebst oder allein, und auch nicht, welche Sexualität oder welches Geschlecht du hast.
Bei dem energetischen und mentalen Höhepunkte sind diese Aspekte irrelevant.
Selbst wenn du dich noch nie mit deiner Sexualität auseinandergesetzt hast oder körperlich aus

gesundheitlichen Gründen eingeschränkt bist, kann dieses Buch dein Leben enorm bereichern.
Es geht nur darum, ob du diese Erfahrung in dein Leben integrieren möchtest und die höchste Form von Leidenschaft, Liebes- und Lebensenergie erfahren willst.
Wenn ja, dann lass uns beginnen.

Ein herzliches Willkommen…

Hallo liebe Leserin, lieber Leser,

ich freue mich sehr, dass dieses wertvolle Buch seinen Weg zu dir gefunden hat.
Ich spreche dich bewusst mit "Du" an, da ich ein sehr intimes Thema ansprechen möchte und es für mich einfacher ist, es mit einer guten Freundin oder einem guten Freund zu besprechen, als mit einem "wild Fremden".
In diesem Buch teile ich Erfahrungen, Erlebnisse und Praktiken, die ich über viele Jahre hinweg erfolgreich praktiziere und erlernen durfte.
Sie haben mir geholfen, eine absolute sexuelle Erfüllung zu erreichen und meine Energien zu steigern, wodurch auch meine Lebensvorhaben gelingen.
Diese Praktiken können von jeder Frau und jedem Mann angewendet werden, und natürlich auch von Paaren.
Ich habe bewusst einige Abschnitte getrennt geschrieben, da Frauen oft das Problem haben, sich wirklich fallen lassen zu können, während manche Männer aus gesundheitlichen oder anderen Gründen Schwierigkeiten haben, eine erfüllte Sexualität zu leben und zu praktizieren.
Von Frauen höre ich oft, dass sie mit ihrem Sexualleben unzufrieden sind, kaum oder nie Höhepunkte haben und frustriert sind.

Viele Frauen schätzen sich selbst nicht genug, haben Probleme, ihren Körper anzunehmen, und ertragen unbefriedigende Beziehungen ohne wirkliche Erfüllung zu finden.
Bei Männern spiegelt sich dies oft darin wider, dass sie sich nach einer Operation eingeschränkt fühlen, ihre Partnerinnen wenig bis gar keinen Sex mehr wollen oder sie sich einfach sexuell vergreist fühlen.
Das muss aber nicht sein.
Hier kommt der Höhepunkt ohne Berührung ins Spiel.
Er funktioniert bei jedem, der bereit ist, sich darauf einzulassen und seine Schwingungsform auf das Höchsten Level zu bringen.
Zudem ist es ein Geschenk, die eigene Energie zu steigern und bewusst einzusetzen, um das Leben angenehmer und erfüllter zu gestalten.
Ich habe diese Methode schon vielfach von anderen Menschen testen lassen, und die positiven Rückmeldungen bestätigen immer wieder ihre Wirksamkeit.
Dazu kommt der positive Aspekt, dass jeder und jede, die meine Techniken umgesetzt hat, ein ganz neues Lebensgefühl und Freude im Leben dazugewonnen hat.
Deshalb möchte ich dich an diesen "Wundern" teilhaben lassen.
Nun geht es darum, wie du dich selbst besser kennenlernen, deine tiefsten Emotionen erkennen und in dir erwecken kannst.
Was treibt uns im Leben an?

Was treibt dich im Leben an?
Es sind immer unsere Gefühle, Gedanken und das Streben nach mehr.
Stillstand ist der Tod eines jeden Lebens.
Wenn wir unseren Gefühlen folgen, werden wir immer den richtigen Weg gehen, und das stärkste Gefühl, das wir besitzen, ist die Liebe.
Die Liebe zu uns selbst, zu unseren Mitmenschen und zu den Menschen, die in unserem Herzen sind.
Das ist unsere höchste Energiequelle.
Jeder von uns kennt das:
Wenn wir verliebt sind, schweben wir auf der berühmten Wolke sieben.
Sie trägt uns so hoch hinaus, dass wir das Gefühl haben, durch unser Leben zu schweben.
Doch manchmal werden wir von dieser Wolke gestoßen und müssen lernen, aus einem Albtraum zu erwachen und weiterzugehen.
Diese schmerzhaften Erfahrungen sind oft sehr bitter, aber sie bieten auch die Möglichkeit zu wachsen.
Viele Menschen sehnen sich, nachdem die Schmerzen geheilt sind, wieder nach einer erfüllten Partnerschaft.
Doch die Angst, erneut verlassen, enttäuscht oder verletzt zu werden, sitzt tief, sodass sie meist keinen neuen Schritt wagen wollen.
Ich kenne auch sehr viele Menschen, die es zuvor nie geschafft haben, ihre alten Verhaltensmuster ab zu legen und somit immer dieselben, nicht erfüllenden Beziehungen, dieselben „unbrauchbaren“ Partner,

dieselben unschönen Situationen in ihr Leben gerufen haben und somit den Glauben an die optimale Partnerschaft verloren hatten.
Wie schön ist es jedoch, einen Menschen zu treffen, der dieselben Ziele und Tugenden in sich trägt, und bei dem man von Anfang an weiß, dass dies die Liebe fürs Leben sein kann.
Der Moment, wenn man dem anderen Menschen in die Augen schaut und ein vertrautes Gefühl von Wärme, „Ganz sein" und zu Hause angekommen sein verspürt.
Genau diese Beziehung, diese Art von Verbindung ist es, welche jeder Mensch verdient hat.
Dies funktioniert jedoch nur, wenn man selbst weiß, was man im Leben will, welche Stärken man hat, was man einem anderen Menschen geben kann und wo das Potenzial einer Verbindung liegt.
Dies führt zum Wesenskern: sich selbst.

Stelle dir diese Fragen und schreibe die Antworten auf. Am besten nimmst du dir ein kleines Notizheft, denn es werden noch mehr Dinge folgen, die es sich lohnt aufzuschreiben.

1. **Was sind deine Ziele im Leben?**
   Hast du einen Plan für dich und dein Leben?
   Wo siehst du dich in einem Jahr, in fünf Jahren, in zehn Jahren?

Was willst du für dich und andere Menschen erreichen?
Was für ein Mensch willst du am letzten Tag deines Lebens sein?

2. **Was sind deine Stärken und positiven Eigenschaften?**
   Freundlichkeit, Liebe, Fürsorge, Verantwortungsbewusstsein usw.
   Schreibe alles auf, was dir einfällt.

3. **Was kannst du dir bieten?**
   Was tust du für dich, damit du dich gut fühlst? Schenkst du dir selbst den nötigen Respekt, Wertschätzung und Aufmerksamkeit, die du verdienst?

4. **Welchen Mehrwert bringst du in eine Beziehung ein?**
   Loyalität, Treue, guter Zuhörer, Verständnis usw.
   Oder „Ich kann gut kochen", „Ich putze gern", „Ich sorge dafür, dass die Familie zusammenhält".

Hierbei geht es darum, dass du erkennst, was für ein wundervoller Mensch du bist und welche Fähigkeiten in dir schlummern.
Das wird dir helfen, dich selbst zu erkennen und deine Schwingung zu erhöhen.

Es ist ein schönes Gefühl, zu wissen, wer man ist und welches Potenzial in einem verborgen ist.
Dies hilft ungemein, sich besser wahrnehmen zu können und Kraft aus den eigenen Stärken zu ziehen.
Und genau diese Kraft, dein Potenzial bringt dich auf dem Weg zur höchsten Schwingung und zum Höhepunkt ohne Berührung.

Dieses Buch zeigt dir, wie du eine der höchsten Befriedigungsformen erkennen und für dich umsetzen kannst.
Wenn du dich darauf konzentrierst, wer du bist und welche positiven Eigenschaften du hast, wirst du dies auch ausstrahlen.
Diese Methoden werden dir auch im Alltag helfen, da sie dein Selbstbewusstsein und deine Beziehungen zu anderen Menschen verbessern können.
Es geht um die Verwirklichung eines Gefühls, das ein hohes Maß an Selbstverwirklichung in sich trägt.
Denn Selbstliebe und Selbstwert sind eines der größten Potenziale, die jeder in sich trägt.
Aber auch die Eigenverantwortung spielt eine große Rolle.
Habe ich selbst die Kontrolle über mich und mein Leben oder habe ich sie an andere Menschen oder Situationen abgegeben?

Besonders geht es um den Höhepunkt, den man in sich hervorrufen kann, ohne sich selbst zu berühren oder berühren zu lassen.
Vielleicht fragst du dich auch, wozu du so etwas brauchen kannst?

Die Antwort ist ganz einfach.
Zum einen ist es eine Technik, welche kaum jemand kennt.
Du bist somit einer/ eine der ersten, welche die Möglichkeit haben, dies zu erlernen und ausleben zu können.
Es ist ein unbeschreibliches Gefühl, fast wie eine Erfindung, welche man gemacht hat und diese der Welt präsentieren darf.
Stell dir vor, du wärst eine der ersten Menschen, welche bei der „Geburt der Glühbirne“ dabei gewesen wäre.

Und zum anderen hast du damit den Vorteil, diese Techniken in dein Leben zu integrieren, sie um zu setzen und für dich selbst die beste Version von dir zu erschaffen.
Dies ermöglicht dir ein neues Gefühl von Freiheit, Liebe, Akzeptanz und der Erschaffung eines erfüllten und bedeutungsvollen Lebens.

Dies mag für viele neu sein, daher beginne ich beim Urschleim des Geschehens.

Viele Menschen, insbesondere Frauen, haben oft Schwierigkeiten, einen Höhepunkt zu bekommen, und ich werde auch auf dieses Thema ausführlich eingehen. Manche Übungen sind auch für Paare interessant, um ihr Liebesleben aufzufrischen, unabhängig vom Geschlecht des Partners.
Der Höhepunkt ohne Berührung ist auch für Menschen geeignet, die durch Operationen oder Impotenz keinen „gewöhnlichen Verkehr" mehr haben können.
Er gibt ein Stück Lebensqualität zurück und kann langfristig zu einem aktiveren Sexualleben führen.

Es bringt nichts, wenn du denkst:
„Naja, schöner Nachmittagsvertreib und vielleicht beschäftige ich mich ab und zu mal ein bisschen damit."
Dazu kann ich dir jetzt schon sagen, dass es zwar funktionieren kann, aber unwahrscheinlich ist.
Wenn du wirklich zur "perfekten" sexuellen Erfüllung gelangen willst, ist es notwendig, dass du dich mehr als nur ein paar Minuten oder aus Langeweile damit beschäftigst.
Es ist eine Lebenseinstellung, welche dein ganzes Leben verändern und verbessern kann, wenn du es selbst willst. Es geht hier um dich und darum, wie glücklich du mit dir und deinem Sexleben sein willst.
Beantworte dir diese eine Frage:
Bin ich bereit, die absolute Erfüllung zu empfinden, anzunehmen und mein Leben damit zu bereichern?

Wenn du diese Frage mit einem klaren "Ja" beantworten kannst, dann ist dies der Anfang einer erfüllten Liebesbeziehung mit dir selbst und deinem Körper.
Ich wünsche dir viel Freude und Spaß beim Lesen, Umsetzen und eine entspannte, liebevolle Zeit.

Kapitel 1

Wie das Buch zu Stande kam

Irgendwie geschah in meinem Leben immer alles zweimal, bevor ich anfing zu reflektieren und die Thematiken verstehen lernte.
Aber auch das Akzeptieren war immer eine kleine Hürde, denn wer will sich schon eingestehen, dass er nur durch den Blick in die Augen eines anderen Menschen einen Höhepunkt haben kann.
„Schämen solltest du dich“, hätte meine Oma wohl gesagt, aber genau das ist das Falsche.
Denn durch diese Erfahrungen hab ich so viel verstanden und auch meinen Wesenskern gefunden.

Der erste Höhepunkt ohne Berührung war für mich, wie ein Schlag ins Gesicht.

Ich hätte nie im Leben damit gerechnet.
Ich kannte diesen Mann, Thomas, schon seit einigen Jahren.
Klar war er anziehend und gut aussehend, aber wir waren beide in einer Beziehung und mehr als Freundschaft war nie angedacht, zumal ich seine Freundin sehr mochte und es in meinem Ehren und Glaubenskodex so verankert ist, das ich niemals den Partner einer Frau angefasst hätte, die ich kenne.
So geschah es, das er mich um meine Hilfe bat, als es darum ging einen Umzug zu fahren.
Natürlich willigte ich ein, denn es ist für mich selbstverständlich Freunden zu helfen.
Als der Umzug fast vorbei war und wir auf dem Garagenhof standen, um die letzten Sachen in den Anhänger zu laden, unterhielten wir uns über eine einfache Belanglosigkeit und ich schaute ihm dabei nur kurz in die Augen.
Innerhalb von Sekunden wurde mir heiß, kalt und es war passiert.
Wie gut, dass er sich da schon umgedreht hatte und wieder Richtung Haus ging.
Ich brauchte eine ganze Weile, um auf dieses Gefühl, auf diese extrem tiefe Emotion klar zu kommen, denn es riss mir förmlich den Boden unter den Füßen weg.
Das war meine erste Begegnung mit dem Höhepunkt ohne Berührung.
Ich fragte mich Tage lang, warum mir dies passiert war.
Konnte das wirklich passiert sein?

Ja klar, sonst hätte ich dies ja wohl nicht gespürt.
Aber das Ganze so wirklich zu verstehen lernte ich erst viele Jahre später.

Die Begegnung der besonderen Art „Teil 2“

Es war ein kühler Frühlingsmorgen.
Die Sonne kämpfte darum, ihre Strahlen durch die dichten Wolken zu schicken, während der verlockende Duft von frisch gebrühtem Kaffee von der nahegelegenen Fabrik durch die Straßen wehte.
Fast schon Mittag, viel zu spät für meine Verhältnisse, machte ich mich auf den Weg zu einem lange erwarteten Treffen.
Am vereinbarten Ort angekommen, sah ich sie alle – die vertrauten Gesichter meiner Freunde.
Doch da war noch jemand.
Ein fremder Mann, dessen Präsenz mich sofort erfasste, noch bevor ich ihn richtig erkennen konnte.
Seine Energie war überwältigend.
Als ich näher kam, packte mich ein seltsames Gefühl.
Es war eine Mischung aus Vertrautheit und innerem Frieden, aber es verwirrte mich zutiefst.
Der unbekannte junge Mann stellte sich höflich vor, und ich sollte nun meine Aufgabe erfüllen: einen zuvor auswendig gelernten Text vortragen.
Doch es wollte einfach nicht klappen.

Seine Energie war so stark, dass ich kaum mehr einen klaren Gedanken fassen konnte.
Die Worte entglitten mir, und ich stotterte, unfähig, einen kohärenten Satz zu bilden.
Erst als er sich ein Stück entfernte, um mit jemand anderem zu sprechen, gelang es mir mit Mühe, meinen Text vorzutragen – jedoch weit entfernt von der Qualität, die ich von mir selbst erwartete.
Nach dem Treffen stand eine Teambesprechung an, zu der mich ein Kollege mitnahm, da ich an diesem Tag kein Auto hatte.
Am Ende der Besprechung bot der nette, fremde Mann mir an, mich nach Hause zu fahren, um mir die lange Busfahrt zu ersparen.
Ich nahm dankend an und lud ihn zum Dank auf einen Kaffee ein.
Schon während der Fahrt überkam mich ein intensives Gefühl von Frieden und Liebe, das ich selten zuvor gespürt hatte.
Diese Vertrautheit, diese Nähe zu einem anderen Menschen, war mir völlig neu.
In meinem Kopf wirbelten Gedanken herum:
„Du sitzt hier mit diesem besonderen Menschen im Auto und fährst zu deiner chaotischen Familie mit Ehemann und Kind?
Warum sagst du ihm nicht einfach: 'Lass uns abhauen, egal wohin!'?“
Diese Gedanken erfüllten mich, während wir uns dem Ziel näherten.

Als wir schließlich einen Parkplatz fanden und aussteigen wollten, trafen sich für einen flüchtigen Moment unsere Blicke.
Und in diesem Augenblick passierte es wieder – zum zweiten Mal erlebte ich einen Höhepunkt ohne Berührung, allein durch seine Anwesenheit.
Ich stieg aus dem Auto, versuchte, meine Fassung wiederzufinden und murmelte vor mich hin.
Diese Begegnung war alles andere als normal.
Zum Glück hatte er nichts bemerkt, aber ich begriff endlich, wie die Energien zweier Menschen im Einklang fließen und eine energetische und körperliche Entladung auslösen können.
Diese Erfahrung werde ich im Kapitel „Dualseelen“ weiter vertiefen.

Der psynergetische Energieaustausch

Es war ein kühler Frühlingsmorgen.
Die Sonne kämpfte darum, ihre Strahlen durch die dichten Wolken zu schicken, während der verlockende Duft von frisch gebrühtem Kaffee von der nahegelegenen Fabrik durch die Straßen wehte.
Fast schon Mittag, viel zu spät für meine Verhältnisse, machte ich mich auf den Weg zu einem lange erwarteten Treffen.
Am vereinbarten Ort angekommen, sah ich sie alle – die vertrauten Gesichter meiner Freunde. Doch da war noch jemand.
Ein fremder Mann, dessen Präsenz mich sofort erfasste, noch bevor ich ihn richtig erkennen konnte.
Seine Energie war überwältigend.
Als ich näher kam, packte mich ein seltsames Gefühl.
Es war eine Mischung aus Vertrautheit und innerem Frieden, aber es verwirrte mich zutiefst.
Der unbekannte junge Mann stellte sich höflich vor, und ich sollte nun meine Aufgabe erfüllen: einen zuvor auswendig gelernten Text vortragen.
Doch es wollte einfach nicht klappen.
Seine Energie war so stark, dass ich kaum mehr einen klaren Gedanken fassen konnte.

Die Worte entglitten mir, und ich stotterte, unfähig, einen kohärenten Satz zu bilden.
Erst als er sich ein Stück entfernte, um mit jemand anderem zu sprechen, gelang es mir mit Mühe, meinen Text vorzutragen – jedoch weit entfernt von der Qualität, die ich von mir selbst erwartete.
Nach dem Treffen stand eine Teambesprechung an, zu der mich ein Kollege mitnahm, da ich an diesem Tag kein Auto hatte.
Am Ende der Besprechung bot der nette, fremde Mann mir an, mich nach Hause zu fahren, um mir die lange Busfahrt zu ersparen.
Ich nahm dankend an und lud ihn zum Dank auf einen Kaffee ein.
Schon während der Fahrt überkam mich ein intensives Gefühl von Frieden und Liebe, das ich selten zuvor gespürt hatte.
Diese Vertrautheit, diese Nähe zu einem anderen Menschen, war mir völlig neu.
In meinem Kopf wirbelten Gedanken herum:
„Du sitzt hier mit diesem besonderen Menschen im Auto und fährst zu deiner chaotischen Familie mit Ehemann und Kind?
Warum sagst du ihm nicht einfach: 'Lass uns abhauen, egal wohin!'?“
Diese Gedanken erfüllten mich, während wir uns dem Ziel näherten.

Als wir schließlich einen Parkplatz fanden und aussteigen wollten, trafen sich für einen flüchtigen Moment unsere Blicke.
Und in diesem Augenblick passierte es wieder – zum zweiten Mal erlebte ich einen Höhepunkt ohne Berührung, allein durch seine Anwesenheit.
Ich stieg aus dem Auto, versuchte, meine Fassung wiederzufinden und murmelte vor mich hin.
Diese Begegnung war alles andere als normal.
Zum Glück hatte er nichts bemerkt, aber ich begriff endlich, wie die Energien zweier Menschen im Einklang fließen und eine energetische und körperliche Entladung auslösen können.
Diese Erfahrung werde ich im Kapitel „Dualseelen“ weiter vertiefen.
Alles ist Energie.
Jedes Leben, jeder Mensch, jedes Tier, jede Pflanze, jeder Stein – alles, was wir physisch berühren können, strahlt seine eigene, einzigartige Energie aus.
Doch auch alles dazwischen, die Luft, der Kosmos, ist pure Energie. Stell dir vor, alles hätte eine eigene Farbe. Natürlich ist es komplexer, aber zur Verdeutlichung reicht dieses Bild.
Stellen wir uns vor, Menschen hätten die Farbe Türkis, Tiere wären Blau, Pflanzen Grün und Steine Grau.
Die Erde, das Wasser und das Feuer erhalten die Farbe Gelb, während die Luft und der Kosmos Rot sind.

So können wir die verschiedenen Farben sehen, erkennen und zuordnen und verstehen, dass alles Energie ist – jede mit einer anderen Schwingungsfrequenz.
Nehmen wir die Energie des Menschen.
Sie ist Türkis und hat eine höhere Schwingung als die Energie der Tiere oder Pflanzen.
Diese Energien haben auch verschiedene Bewusstseinsebenen.
Diese Energie hat fünf Energiestufen:

1. **Die Herzebene**:

Diese Energie befindet sich in uns, wie ein kleiner runder Punkt im Herzbereich. Wenn wir uns auf sie konzentrieren, können wir sie wachsen lassen.
Diese Ebene ist Orange.

2. **Die körperliche Ebene**:

Diese Energie durchströmt unseren gesamten Körper, in jede Zelle, die mit Blut und Sauerstoff versorgt wird.
Diese Ebene ist Rosa.

3. **Die Aura-Ebene**:

Unsere Haut strahlt körperliche Wärme aus, die unsere Aura bildet.
Diese Energieebene ist Mintgrün.

4. **Die Eta-Ebene**:
Diese Energie erstreckt sich etwa einen halben Meter um uns herum wie eine Schutzhülle.
Diese Ebene ist Weiß.

5. **Die universelle Ebene**:
Diese Energie umfasst alles, als würde sie den ganzen Erdball umspannen und wieder zu uns zurückkehren.
Sie verbindet uns über große Entfernungen, wie wenn wir an einen geliebten Menschen am anderen Ende der Welt denken und plötzlich von ihm hören.
Diese Ebene ist Regenbogenfarben, da sie alle Energien umfasst.

Was haben diese Energien gemeinsam?
Sie sind alle unsere Energien.
Wie kann das sein?
Durch die Schwingungen, die wir aussenden.
Es ist wie in einem Orchester.
Jeder von uns ist ein anderes Instrument und erzeugt einen einzigartigen Klang.
Zusammen spielen wir das Lied des Lebens.
Wenn wir uns mit der Sonne vergleichen, wäre jeder von uns ein Sonnenstrahl.
Jeder erhellt die Welt auf seine Weise und trägt zum Wachstum und zur Entwicklung bei.
Diese Beispiele sollen verdeutlichen, was ich mit verschiedenen Schwingungen meine.

Kombinieren wir nun den Gedanken von Farbe und Schwingung.
Wenn wir einen Partner suchen, senden wir eine bestimmte Schwingung aus, eine Farbe – in diesem Fall Orange, da es um Herzensenergie geht.
Jeder von uns hat eine andere Nuance von Orange.
Aber es gibt auch Menschen mit genau dem gleichen Orangeton.
Diese nennen wir unsere "irdische Menschenfamilie".
Jeder wurde in eine Familie geboren, aber unsere Menschenfamilie sind die, mit denen wir uns sofort verbunden fühlen.
Es sind die Menschen, die uns ein gutes Gefühl geben, wenn sie in unserer Nähe sind, die Menschen, die wir mit einem Blick verstehen, die unser "Zuhause" sind.
In unserer Menschenfamilie ist jeder ein Instrument, zum Beispiel eine Gitarre.
Es gibt viele verschiedene Gitarren: Akustikgitarren, E-Gitarren, Westerngitarren, Konzertgitarren, Flamencogitarren, Bassgitarren und viele mehr.
Jede hat einen eigenen Klang und eine eigene Frequenz, aber sie sind alle Gitarren, eine Familie.
So wie jeder von uns seine eigenen Töne und Schwingungen hat.
Zusammengefasst: Die Gitarre Alfred hat einen Gedanken und möchte ihn der Gitarre Ida mitteilen.
Da sie in derselben Menschenfamilie sind, haben beide den gleichen Orangeton.

Beide sind Akustikgitarren und spielen zusammen im selben Raum.
Ida spielt ein Fis und Alfred ein G.
Beide erzeugen Klänge, die beim anderen ankommen, und zusammen können sie ein Lied spielen.
Das ist Farbe und Schwingung vereint.
So spielt jeder von uns seine eigene Melodie im großen Orchester des Lebens, erhellt die Welt mit seinen einzigartigen Strahlen und verbindet sich durch die harmonischen Schwingungen mit denen, die die gleiche Frequenz haben.

Wenn man den Psynergetischen Energieaustausch von „wissenschaftlicher „ Seite betrachtet sieht es wie folgt aus:

Ein psynergetischer Energieaustausch ist ein Konzept aus der spirituellen Praxis, das sich auf den Austausch von Energie zwischen Individuen oder zwischen einem Individuum und seiner Umgebung bezieht.
Der Begriff setzt sich aus "Psy" (für Psyche oder Geist) und "Energie" zusammen und betont die Wechselwirkung von mentaler, emotionaler und spiritueller Energie.
Hier sind einige Hauptaspekte des psynergetischen Energieaustauschs:

1. **Energetische Interaktion**:
   Der Austausch kann auf verschiedenen Ebenen stattfinden, einschließlich der mentalen, emotionalen und spirituellen Ebene.
   Es wird angenommen, dass Menschen nicht nur physische, sondern auch energetische Wesen sind, die kontinuierlich Energie mit ihrer Umgebung und anderen Individuen austauschen.

2. **Heilung und Wohlbefinden**:
   In vielen spirituellen Praktiken wird angenommen, dass ein bewusster psynergetischer Energieaustausch zur Heilung und zum allgemeinen Wohlbefinden beitragen kann.
   Techniken wie Reiki, Prana-Heilung oder energetische Reinigung arbeiten mit diesen Prinzipien.

3. **Meditation und Achtsamkeit**:
   Bewusster psynergetischer Energieaustausch kann durch Meditation, Achtsamkeitsübungen und andere spirituelle Praktiken gefördert werden.
   Diese Techniken helfen, das eigene Energiefeld zu harmonisieren und auszugleichen.

4. **Emotionale Resonanz**:
   Emotionen und Gedanken haben laut diesem Konzept eine energetische Komponente, die auf andere übertragen werden kann.

Positive Emotionen wie Liebe und Mitgefühl können daher heilend wirken, während negative Emotionen wie Angst und Wut energetische Blockaden verursachen können.

5. **Energiezentren und -kanäle**:
   Viele Traditionen, die sich mit psynergetischem Energieaustausch befassen, beziehen sich auf Konzepte wie Chakren (Energiezentren im Körper) und Nadis oder Meridiane (Energiekanäle), durch die die Lebensenergie fließt.

Zusammengefasst ist der psynergetische Energieaustausch ein komplexes Konzept, das verschiedene Aspekte der menschlichen Erfahrung und Interaktion auf energetischer Ebene betrachtet.
Es wird hauptsächlich in spirituell alternativen Heilmethoden diskutiert und praktiziert.

So scheint es „von der allgemeinen Außenwelt“ aktuell betrachtet zu werden.

Die Verstandes Ebene

Wir Menschen wollen immer alles logisch und mit dem Verstand erklärt haben.
Es fällt den meisten Menschen schwer, Kontrolle ab zu geben, loszulassen, sich fallen zu lassen und das Leben einfach seinem Lauf zu lassen.
Wir machen uns Sorgen um unser täglich Brot, was die Nachbarn über uns denken, ob wir die Rechnungen bezahlen können, ob unsere Mitmenschen glücklich mit uns sind, das es unseren Freunden gut geht Freunde, um alles möglich.

Sexualität oder auch der Höhepunkt ohne Berührung fängt in erster Linie auf verstandesebene statt.
Wir dürfen erst einmal verstehen, dass dies überhaupt möglich ist.
Der nächste Schritt ist es, dies überhaupt erfahren zu wollen.
Und dann erst kommt alles andere.
Das ich diese „Technik" im Alltag erleben durfte, war für mich ein riesiges Geschenk und unfassbar zugleich.
Dazu habe ich verstehen lernen dürfen, warum dies so ist und wie es ohne einen anderen Menschen funktioniert.
Aber auch das, obwohl ich es fühlen konnte, musste ich erst einmal lernen mit den Verstand zu begreifen.
Was ich für mich aber auch verstehen durfte ist, dass es sich nicht um das reine, sexuelle Vergnügen handelt,

sondern um die reinste Form von Energie und Liebe, welche wir als Menschen erfahren dürfen.

Wenn du diese Technik perfekt beherrschst und für dich nutzen kannst, wirst du merken, dass du ab einem gewissen Grad „keine Gedanken“ mehr brauche wirst.
Wenn du deine Schwingungen erhöhst, wird deine Energie so überragend sein, das sie einfach so wächst, ohne dass du dir irgendetwas vorstellen musst.
Sie ist dann einfach dauerpräsent und innerhalb eines Bruchteils einer Sekunde abrufbar.

Aber auf der Verstandeseben beginnt erstmal alles.
Hier können wir uns Dinge bewusst oder unbewusst vorstellen.
Bewusst ist zum Beispiel, wenn du dir im wachen zustand vorstellst, einem anderen Menschen nahe zu sein.
Unbewusst ist, wenn du schläfst und davon träumst.
Das Bewusste können wir durch unsere Gedanken steuern, das unbewusste durch das Erlernen des Luziden Träumens.
Aber diese Technik lasse ich hierbei außeracht.
Darauf gehe ich gern in einem späteren Buch oder in einem Blogeintrag auf meiner Webseite ein.

Die körperliche Ebene

Wie fühlt sich ein Höhepunkt ohne Berührung an?
Diese Frage wirst du dir sicherlich schon gestellt haben, denn ganz anders, als bei einem „normalen körperlichen Höhepunkt", der meistens durch Stimulation und physische Reize entsteht oder gesteuert wird, findet dieser Höhepunkt schneller, aber im ganzen Körper statt.
Natürlich kann man diese Energien auch steuern, wenn man die Technik dazu beherrscht, aber die ersten Male, als ich dieses Phänomen gespürt habe, fand es auf der kompletten, körperlichen Ebene statt.
Es ist ein Gefühl, als wenn ein riesiger Energieschub innerhalb des Bruchteils einer Sekunde durch den ganzen Körper fährt und alle Sinne benebelt.
Es gibt beim Spüren von Höhepunkten (und ich spreche hier aus der Sicht und dem empfinden einer Frau) verschiedene Intensitäten.
Die intensivste Form, welche man als Frau erleben kann ist diese, wenn man sich komplett fallen lassen kann und den Kopf, die Gedanken komplett ausschalten kann.
Dazu gehört es auch, dass man es schafft, seine Umgebung und alles andere auszublenden.
Es ist ein Gefühl von tiefster Sicherheit, Vertrauen und Akzeptanz.
Wenn man beim Sex vertrauen zu seinem Partner hat und sich voll und ganz hingeben kann, dann entsteht ein

Gefühl vollkommener Ektase, welches diesem Höhepunkt ohne Berührung sehr ähnlich ist.
Der Unterschied liegt aber in der Schnelligkeit und Intensität, mit der sich dieses Gefühl umsetzt.

Die energetische Ebene

Auf der energetischen Ebene ist dieses Gefühl ganz einfach, aber sehr komplex.
Jeder Mensch hat seine ganz eigene Grundenergie.
Wenn man sich im Laufe des Tages beobachtet, merken wir zum einen, wie unsere Energien schwanken, je nach Verfassungszustand und körperlichen Zustand.
Wenn wir fröhlich sind und uns gut behandeln, dann schwingt unsere Energie höher, als wenn wir schlechte Laune haben, uns über irgendetwas Ärgert oder wir es nicht geschafft haben, unsere Mahlzeiten ordentlich ein zu halten.
Es spielen viele Faktoren eine Rolle.
Die wichtigste Rolle haben hierbei aber unsere Emotionen.
Je positiver wir unsere Gedanken und Gefühle ausrichten, umso stärker sind unser Schwingungsfeld und unsere Kraft.
Wenn wir unseren Schwingungslevel erhöhen und unsere Emotionen überdurchschnittlich hoch sind, haben wir eine Ebene erreicht, wo unsere Energie im Einklang mit uns und dem Leben ist.

Diese Energie haben wir zum Beispiel, wenn wir verliebt sind und uns sie siebte Wolke davon trägt.
Dieses Gefühl, der absoluten Verliebtheit verleiht uns Kraft, Stärke, Anmut, Klarheit und alle positiven Eigenschaften, die uns höher schwingen lassen.
Stell dir eine Situation vor, in der du über alle Maßen hinaus in einen anderen Menschen verliebt warst.
Dieses Gefühl macht uns Menschen erst vollkommen und zeigt uns die Schönheit und Lebendigkeit unseres höheren Selbst auf.
Und dies ist die höchst schwingende Energie.
Die Liebesenergie, welche in uns allen ist, kommt in diesem Moment zu einhundert Prozent hervor und somit entfaltet sie ihr und dein ganzes Potenzial.
Und auch hier gibt es die absolute Steigerung, nämlich die bedingungslose Liebe.
Aber dieses Thema werde ich später noch einmal aufgreifen.

Kapitel 2

Energie folgt der Aufmerksamkeit: Die Macht der Fokussierung

In der modernen Welt, in der wir ständig von Informationen und Reizen überflutet werden, ist die Fähigkeit, unsere Aufmerksamkeit bewusst zu lenken, von unschätzbarem Wert.
Der Grundsatz "Energie folgt der Aufmerksamkeit" unterstreicht eine grundlegende Wahrheit über unser Leben: Dort, wo wir unseren Fokus hinlenken, fließt auch unsere Energie.
Dieser Gedanke hat tiefe Wurzeln in verschiedenen spirituellen und philosophischen Traditionen.
Im Yoga, in der Meditation und in der Achtsamkeitspraxis wird oft betont, wie wichtig es ist, sich der eigenen Gedanken und Gefühle bewusst zu sein und sie gezielt zu lenken.
Indem wir unsere Aufmerksamkeit bewusst auf bestimmte Aspekte unseres Lebens richten, können wir unsere Energie in diese Bereiche lenken und sie dadurch stärken und nähren.

Die Kraft der Fokussierung
Stellen Sie sich vor, Ihre Aufmerksamkeit ist wie ein Lichtstrahl.
Wenn dieser Strahl weit gestreut ist, wird das Licht schwach und diffus sein.
Doch wenn Sie den Strahl bündeln, wird das Licht intensiv und kraftvoll.
Genauso verhält es sich mit unserer Energie. Ein zerstreuter Geist führt zu zerstreuter Energie, während ein fokussierter Geist uns in die Lage versetzt, unsere Energie gezielt und effektiv einzusetzen.

Praktische Anwendung im Alltag

1. **Ziele setzen:** Indem wir klare, spezifische Ziele formulieren und unsere Aufmerksamkeit darauf richten, können wir unsere Energie bündeln, um diese Ziele zu erreichen.
   Sei es im Beruf, in der persönlichen Entwicklung oder in unseren Beziehungen – fokussierte Aufmerksamkeit hilft uns, unsere Ressourcen optimal zu nutzen.

2. **Achtsamkeit üben:** Durch Achtsamkeitsübungen wie Meditation können wir lernen, unsere Aufmerksamkeit bewusst zu steuern.
   Dies stärkt nicht nur unseren Fokus, sondern hilft uns auch, im gegenwärtigen Moment zu leben

und unsere Energie nicht auf vergangene Sorgen oder zukünftige Ängste zu verschwenden.

3. **Positives Denken:** Indem wir unsere Aufmerksamkeit auf positive Gedanken und Gefühle lenken, können wir unsere Energie in eine positive Richtung lenken.
   Dies fördert nicht nur unser Wohlbefinden, sondern kann auch unsere Motivation und Kreativität steigern.

Die Auswirkungen auf unser Wohlbefinden

Der Grundsatz "Energie folgt der Aufmerksamkeit" hat weitreichende Auswirkungen auf unser physisches, emotionales und mentales Wohlbefinden.
Wenn wir unsere Aufmerksamkeit auf negative Gedanken und stressige Situationen lenken, verbrauchen wir unsere Energie und fühlen uns erschöpft und ausgelaugt.
Wenn wir jedoch lernen, unsere Aufmerksamkeit bewusst auf positive und konstruktive Aspekte unseres Lebens zu lenken, können wir unsere Energie regenerieren und uns vital und inspiriert fühlen.

Fazit

Energie folgt der Aufmerksamkeit – dieser einfache, aber mächtige Grundsatz erinnert uns daran, dass wir die Fähigkeit haben, unsere Energie durch bewusste Fokussierung zu lenken. Indem wir unsere Aufmerksamkeit gezielt einsetzen, können wir unser Leben bewusst gestalten, unsere Ziele erreichen und unser Wohlbefinden steigern. Es liegt an uns, diese Fähigkeit zu kultivieren und die Macht der Fokussierung zu nutzen, um unser volles Potenzial zu entfalten.

Chakren Energie und Energie steuern lernen

Die Chakren Energie

Auch in diesem Bereich wirken Energien, die uns bei der energetischen Ausrichtung unterstützen können.
Wer sich mit den sieben Chakren beschäftigt hat, kennt deren Bedeutung.
Wenn ich Energien im Körper lokalisiere und manifestiere, Schwingungen erhöhen oder verändere, betrachte ich die sieben Chakren nur als Basis meiner energetischen Arbeit.
Ich bin überzeugt, dass es viele weitere Energiepunkte im Körper gibt, die aktiviert werden wollen.

Es ist nicht notwendig, all dies zu wissen oder zu beherrschen, doch für ein besseres Verständnis möchte ich es hier kurz erläutern.
Auf die wissenschaftlichen und biologischen Hintergründe werde ich nicht näher eingehen, da es nicht mein Ziel ist, einen Wissenschaftskurs anzubieten.
Stattdessen möchte ich mich auf das Gefühl des Höhepunkts konzentrieren.
Ein Höhepunkt ist ein intensives Gefühl, eine kleine Explosion, die an verschiedenen Stellen im Körper stattfinden kann.
Ob er im Intimbereich, im Kopf oder als Verschmelzung beider Regionen auftritt, hängt von der Art und der Übung ab.
Doch der Ursprung des Höhepunkts muss nicht auf Kopf oder Intimbereich beschränkt sein; er kann auch in anderen Körperregionen wie dem Bauch, Hals oder sogar in den Händen und Füßen entstehen.
Das mag sehr komisch klingen, aber es ist so.
Es beginnt immer dort, wo man seine Aufmerksamkeit hin lenkt und wo man den Höhepunkt erzeugen möchte.
Ein Höhepunkt ist pure Energie.
Wenn du es schaffst, einen Höhepunkt ohne Berührung zu erleben und weiter daran arbeitest, wirst du dieses Gefühl auf deinen gesamten Körper ausdehnen können.
Dies ist die höchste Form der Ekstase, die ich derzeit kenne.
Die Hauptrolle spielen dabei die Chakra Zentren, die vom Wurzel Chakra bis zum Kronen Chakra reichen.

Hierbei erwähne ich bewusst die Haupt Chakren, obwohl sich die Energie auch an anderen Punkten manifestieren kann.

Wenn im Körper alles im Fluss ist, kann man diesen Fluss sogar spüren und mit den Sinnen nachverfolgen.

Es ist, als würde man gedanklich der Energie im Körper folgen, wie sie fließt und sich bewegt.

Nun möchte ich aus dem Nähkästchen plaudern.

Die Empfindungen meiner Höhepunkte haben sich im Laufe der Jahre stark verändert.

Es gibt große Unterschiede, ob ich mit einem Mann oder einer Frau Sex habe.

Besonders die Unterschiede zwischen Selbstbefriedigung und dem Erleben eines Höhepunkts nur durch Gedanken haben sich stark verändert und intensiviert.

Da ich dir hier hauptsächlich das Thema „Höhepunkt ohne Berührung" näherbringen möchte, gehe ich darauf ein.

Anfangs hielt ich es nicht für möglich, dass dies funktionieren könnte, aber durch ein Buch über das „Verstehen von Männern und das Finden des perfekten Partners" erlernte ich eine Technik, die es mir erlaubte, Männer mit meinen Hormonen zu faszinieren.

Immer wenn ich diese Technik anwendete, bemerkte ich, dass sich Männer, die zunächst kein Interesse an mir hatten, plötzlich für mich interessierten.

Ich probierte die Technik intensiv an einem Mann aus und erlebte das Unfassbare:

Ich bekam einen Höhepunkt, als ich ihm nur in die Augen sah.
Heute weiß ich, dass es nicht die Technik an sich war, sondern dass sie nur der Auslöser war. Dieses Erlebnis war zugleich peinlich und schön, denn ich entdeckte etwas Neues an mir.
Die Technik ist einfach:
Ich stellte mir vor, wie es wäre, das erste Mal mit ihm Sex zu haben, und visualisierte einen außergewöhnlichen Ort.
Dabei begann ich schneller zu atmen, wie kurz vor einem Höhepunkt, aber so, dass er es nicht bemerkte.
Ich blendete meine Umgebung aus und fokussierte mich auf den Gedanken.
In diesem Moment erreichte ich den Höhepunkt, ohne es bewusst zu wollen.
In den folgenden Monaten konzentrierte ich mich auf dieses Thema und verstand mehr und mehr die Zusammenhänge.
Aus dieser Erfahrung entwickelte ich verschiedene Techniken, die ich in unterschiedlichen Situationen anwendete.
Als Single fragte ich mich, wie ich diese Techniken alleine umsetzen könnte.
Pornos und Bilder waren anfangs hilfreich, doch ohne „Spielzeug“ schien es nicht zu funktionieren.
Ich begann, die Situation zu analysieren und stellte fest, dass mein Fokus darauf lag, dieses Ziel zu erreichen.

Ich lernte, tiefste Empfindungen in mir zu wecken, trotz aller Ablenkungen.
Ich verstand, wie mein Gehirn und meine Sexualität zusammenarbeiteten und konnte eine „Formel" entwickeln, um den Höhepunkt jederzeit hervorzurufen.
Es wurde zur Normalität, dieses Gefühl in bestimmten Situationen zu erzeugen, und es wurde von Mal zu Mal intensiver.
Nun möchte ich dir in den folgenden Kapiteln eine Schritt-für-Schritt-Anleitung geben, was notwendig ist, damit du diese Technik für dich erlernen kannst.
Zum Schluss werde ich alles noch einmal zusammenfassen.

Die Chakren und ihre Aufgaben

Die Chakren sind Energiezentren im menschlichen Körper, die entlang der Wirbelsäule angeordnet sind und in verschiedenen spirituellen und esoterischen Traditionen, insbesondere im Hinduismus und Buddhismus, eine wichtige Rolle spielen.
Es gibt sieben Haupt Chakren, die jeweils mit bestimmten physischen, emotionalen und spirituellen Aspekten verbunden sind.

Hier eine Übersicht:

1. **Wurzel Chakra (Muladhara)**

    - **Ort:** Am unteren Ende der Wirbelsäule, im Bereich des Steißbeins
    - **Farbe:** Rot
    - **Element:** Erde
    - **Aufgaben:**
        - Erdung und Stabilität
        - Überleben und Urvertrauen
        - Physische Identität und Sicherheit
        - Grundlegende Bedürfnisse wie Nahrung, Wasser und Schutz

2. **Sakral Chakra (Svadhisthana)**

    - **Ort:** Unterbauch, etwa zwei Fingerbreit unter dem Nabel
    - **Farbe:** Orange
    - **Element:** Wasser
    - **Aufgaben:**
        - Emotionen und Kreativität
        - Sexualität und Sinnlichkeit
        - Vergnügen und Genuss
        - Beziehungen und soziale Interaktionen

3. **Solarplexuschakra (Manipura)**

- **Ort:** Oberbauch, zwischen Nabel und Brustbein
- **Farbe:** Gelb
- **Element:** Feuer
- **Aufgaben:**
    - Selbstbewusstsein und persönliches Machtgefühl
    - Willenskraft und Durchsetzungsvermögen
    - Selbstwertgefühl und Identität
    - Verdauung und Stoffwechsel

4. **Herz Chakra (Anahata)**

- **Ort:** Brustmitte, auf Höhe des Herzens
- **Farbe:** Grün oder Rosa
- **Element:** Luft
- **Aufgaben:**
    - Liebe und Mitgefühl
    - Vergebung und Heilung
    - Empathie und emotionale Verbundenheit
    - Harmonie und Balance

5. **Hals Chakra (Vishuddha)**

    - **Ort:** Halsbereich, Kehle
    - **Farbe:** Hellblau oder Türkis
    - **Element:** Äther
    - **Aufgaben:**
        - Kommunikation und Ausdruck
        - Wahrheit und Authentizität
        - Kreativer Ausdruck und Selbstverwirklichung
        - Hören und Zuhören

6. **Stirn Chakra (Ajna)**

    - **Ort:** Stirn, zwischen den Augenbrauen (auch „Drittes Auge“ genannt)
    - **Farbe:** Dunkelblau oder Indigo
    - **Element:** Licht
    - **Aufgaben:**
        - Intuition und Weisheit
        - Vorstellungskraft und Visualisierung
        - Selbsterkenntnis und innere Führung
        - Mentale Klarheit und Einsicht

7. **Kronen Chakra (Sahasrara)**

- **Ort:** Scheitel des Kopfes
- **Farbe:** Violett oder Weiß
- **Element:** Kosmische Energie
- **Aufgaben:**
    - Spirituelle Verbindung und Erleuchtung
    - Universelles Bewusstsein und Transzendenz
    - Verbindung zu höheren Ebenen des Seins
    - Innerer Frieden und spirituelles Wissen

Diese Chakren arbeiten zusammen, um das energetische Gleichgewicht des Körpers zu fördern.
Blockaden oder Ungleichgewichte in einem oder mehreren Chakren können sich in physischen, emotionalen oder spirituellen Problemen manifestieren.
Verschiedene Praktiken wie Meditation, Yoga, Atemübungen und Energiearbeit zielen darauf ab, die Chakren zu harmonisieren und die Energie frei fließen zu lassen.

Übung zur Steigerung der Aufmerksamkeit: Der Achtsamkeits-Check-in

Diese einfache Übung hilft Ihnen, Ihre Aufmerksamkeit zu schärfen und im gegenwärtigen Moment zu verankern. Sie können diese Übung jederzeit und überall durchführen, um Ihre Achtsamkeit zu stärken und Ihre Energie zu fokussieren.
Dauer: 5-10 Minuten

Schritte:

1. **Ruhe finden:**

    - Setze oder stelle dich an einen ruhigen Ort, an dem du nicht gestört wirst.
    - Schließe die Augen, wenn du möchtest, und nimm ein paar tiefe Atemzüge, um dich zu entspannen.

2. **Atmung beobachten:**

    - Richte deine Aufmerksamkeit auf deinen Atem.
      Spüre, wie die Luft durch deine Nase einströmt, deine Lungen füllt und wieder ausströmt.

- Verweile ein paar Momente bei diesem natürlichen Atemfluss, ohne ihn zu verändern. Beobachte einfach.

3. **Körper scannen:**

- Lenke nun deine Aufmerksamkeit auf deinen Körper.
- Beginne bei den Füßen und arbeite dich langsam nach oben.
- Nimm bewusst wahr, wie sich jeder Körperteil anfühlt.
  Sind dort Spannungen, Wärme, Kälte oder andere Empfindungen?
- Verweile einige Sekunden bei jedem Körperteil, bevor du weiterziehst.

4. **Umgebung wahrnehmen:**

- Öffne langsam deine Augen und richte deine Aufmerksamkeit auf deine Umgebung.
- Nimm fünf Dinge wahr, die du sehen kannst. Betrachte ihre Formen, Farben und Details genau.
- Höre dann auf vier Geräusche, die du wahrnehmen kannst. Achte auf deren Lautstärke und Tonhöhe.

- Fühle drei Dinge, die du berühren kannst, sei es die Textur deiner Kleidung, die Oberfläche deines Stuhls oder den Boden unter deinen Füßen.
- Rieche zwei verschiedene Gerüche in deiner Umgebung. Welche Düfte kannst du wahrnehmen?
- Schmecke schließlich, wenn möglich, einem Geschmack in deinem Mund. Es kann der Nachgeschmack eines Getränks oder einfach die natürliche Feuchtigkeit in deinem Mund sein.

5. **Gedanken beobachten:**

- Schließe erneut deine Augen und richte deine Aufmerksamkeit auf deine Gedanken.
- Beobachte, welche Gedanken auftauchen, ohne sie zu bewerten oder dich in ihnen zu verlieren. Lasse sie einfach kommen und gehen wie Wolken am Himmel.

6. **Abschließen:**

- Beende die Übung, indem du wieder ein paar tiefe Atemzüge nimmst.
- Öffne langsam deine Augen und kehre in den Alltag zurück, aber versuche, diese

gesteigerte Aufmerksamkeit und
Achtsamkeit beizubehalten.

Tipp: Wiederhole diese Übung regelmäßig, um deine Fähigkeit zur bewussten Aufmerksamkeit zu stärken und zu vertiefen.
Mit der Zeit wirst du feststellen, dass du achtsamer und fokussierter durch den Tag gehst.

Kapitel 3

2. Was ist Sex und was spielt der Höhepunkt für eine Rolle?

Ich glaube, ich muss niemandem stundenlang erklären, wie das mit den Bienchen und Blümchen funktioniert. Sex ist das zwischenmenschliche Spiel, das meist zwischen zwei Personen, mehreren Personen oder allein stattfindet.
Damit ist das Wesentliche schon auf den Punkt gebracht. Natürlich gibt es viele Formen von Sex, auf dic ich spätcr „dekorativ“ noch eingehen werde.

Dem Höhepunkt wird bei diesem Akt meist die größte Rolle zugeschrieben, doch für mich ist das nur die halbe Wahrheit.
Natürlich möchte ich beim Sex in erster Linie höchste Befriedigung finden.
Das krönende Resultat ist demzufolge der Höhepunkt.
Aber wie bei vielen anderen Dingen gilt auch hier:
„Der Weg ist das Ziel".
Wenn man den Weg genießen kann, wird das Ziel umso schöner und vielfältiger, verliert aber an Bedeutung.
Und eines ist dabei besonders wichtig: sich nicht unter Druck zu setzen.
Es ist viel wichtiger zu genießen und die richtigen Knöpfe in sich zu finden, denn der Rest kommt von allein.
Das führt mich auch schon zum ersten wichtigen Aspekt: die richtigen Knöpfe in sich zu finden.

Ein Beispiel:

Eines Morgens saß ich mit meiner Freundin Mara beim Frühstück.
Mara, 34 Jahre jung und ein sehr lebensfroher Mensch, hatten zwei Kinder und war glücklich mit ihrem Mann verheiratet.
Ihr Leben verlief in geregelten Bahnen, doch ihre Intimität hatte seit der Geburt der Kinder sehr gelitten.

Mara erzählte mir von ihrem Bedürfnis, sich wieder ganz als Frau fühlen und ihr Liebesleben erfüllender gestalten zu wollen.
Sie las viele Bücher und schaute sich Videos im Internet an, wo Coaches ihr beibringen sollten, wie sie ihr Liebesleben wieder aufpeppen könnte.
Doch sie schaffte es nicht, diese Ratschläge umzusetzen.
Wir unterhielten uns über ihre Bedürfnisse, ihre Ziele im Leben, was sie glücklich machte und wie sie Intimität definierte. Schnell wurde klar, dass es ihr schwer fiel, sich Zeit für sich selbst zu nehmen, ihren Leidenschaften zu folgen und sich fallen zu lassen.

Ich gab ihr ein paar Tipps:

- Schreibe dir auf, was dich mit Freude erfüllt.
- Schreibe dir auf, was du als Ziele und Wünsche in deinem Leben definierst und was du erreichen möchtest.
- Notiere die Orte, an denen du am meisten Kraft tankst.
- Überlege, was für ein Mensch du am letzten Tag deines Lebens sein möchtest.
- Was möchtest du der Welt hinterlassen?

Nach einer Woche begann ich mit ihr, diese Punkte auseinanderzunehmen und erstellte ihr einen Plan, wie sie Gelassenheit und Freude in ihren Alltag integrieren konnte.

Ich zeigte ihr einige Meditationen und Übungen, mit denen sie die für sie wichtigen Punkte umsetzen konnte.
Mara begann sofort damit, diese Tipps umzusetzen.
Schon nach wenigen Wochen hatte sich ihre Ausstrahlung total verändert.
Durch die richtigen Übungen und Meditationen hatte sich ihr Selbstbewusstsein enorm gesteigert.
Sie reagierte im Alltag gelassener, was auch ihrem Mann auffiel.
Plötzlich war sie wieder die attraktive Traumfrau, in die er sich verliebt hatte – nur in einer besseren Form.
Auch in ihrer Intimsphäre lernte Mara, sich fallen zu lassen, was zur Folge hatte, dass ihr Mann sich besser auf sie einlassen konnte und ihre Bedürfnisse ernst nahm.
Sie lernte die verschiedenen Formen der Ekstase kennen und genoss sich und die Harmonie mit ihrem Körper viel mehr.

Was sind die richtigen Knöpfe?

Die wichtigsten Knöpfe sind die, die dich in den Zustand absoluter Ekstase versetzen.
Das kann die passende Musik sein, ein bestimmter Duft, ein Gedanke oder eine Meditation. Jeder Mensch ist anders.
Doch eine Tatsache bleibt bei allen gleich:
Ekstase beginnt im Kopf, mit den Gedanken und dem Wunsch danach.

Durch passende Musik, Bilder oder Düfte wird dein Gehirn angeregt, und das versetzt dich in den richtigen Zustand.

Natürlich spielen Entspannung und das Loslassen eine große Rolle.

Manche würden sagen, dass sie die Berührung brauchen, aber das ist nur ein positiver Nebeneffekt.

Wenn du den Höhepunkt in deinem Kopf nicht sehen kannst, wird er in deinem Körper nicht stattfinden.

Bei jedem Höhepunkt, ob körperlicher oder energetischer Natur, geht es um die eigenen Empfindungen.

Wir haben von Grund auf gelernt, dass es nur durch körperliche Interaktion und spezielle Faktoren funktioniert.

Fakt ist aber, dass die inneren Faktoren entscheidend sind.

Auch bei körperlichen Höhepunkten entsteht der Höhepunkt innerlich und selten im Außen.

Die Berührung und das Drumherum sind nur positive Nebeneffekte.

Bei Höhepunkte ohne Berührung entsteht entweder der Gedanke, das Bild im Kopf, oder man spürt eine Energie im Körper.

Fakt ist, dass man seinem Bewusstsein zuerst mitteilt, was man vorhat.

Wenn man gelernt hat, seine Energien vollständig zu steuern und selbst wie einen Lichtschalter zu betätigen, ist das nicht mehr nötig.

Dies spiegelt den Psynergetischen Energieaustausch wider und zeigt die „Einfachheit“ dieses Konstrukts.
Gedankliche Höhepunkte lassen sich in zwei Kategorien einteilen:
den Höhepunkt, der durch Bilder und Gedanken hervorgerufen wird, oder die reine „Energiewahrnehmung“, die man als Gefühl oder Farbe wahrnimmt, ohne sexuelle Gedanken zu haben.
In Bruchteilen von Sekunden kann dieser Höhepunkt entstehen – es braucht nur den Willen dazu.

Gibt es dafür eine Gebrauchsanleitung?

Für energetische Höhepunkte gibt es eine universelle „Gebrauchsanleitung“.
Sie basiert auf der Manifestation und Ausbreitung von Energie.
Körperliche Höhepunkte hingegen sind oft unterschiedlich, weil sie durch äußere Reize ausgelöst werden – das ist die Art, die die meisten Menschen kennen.
Unsere Grundeinstellung ist dabei jedoch gleich:
Wir haben gelernt, dass äußere Stimulation notwendig ist, um innere Erregung zu erzeugen.
Viele Menschen setzen auf Romantik, Kerzenschein, ein Dinner oder ein schönes Gespräch als entscheidende Faktoren.

Das kann in der Tat ein guter Ansatz sein, besonders wenn es darum geht, überhaupt den ersten Höhepunkt zu erleben.
Doch aus eigener Erfahrung kann ich sagen, dass es so viel mehr gibt, was dies auslösen kann. Ich habe es selbst erlebt, dass allein der Blick in die Augen eines Mannes genügt hat, um zum Höhepunkt zu gelangen.
Das mag im ersten Moment unglaublich klingen, doch als es mir erneut passierte, wusste ich, dass es für jeden Menschen „normal" sein kann.
Jeder Mensch hat einen bestimmten Punkt, der das „gewisse Gefühl" auslöst.
Dabei ist es wichtig, tief in sich hinein zu horchen und das Gefühl von Scham komplett abzulegen.
Weitere Tipps dazu gebe ich dir in den folgenden Kapiteln. (Selbstliebe)

Kennst du dich und deinen Körper?

Auch dieser Punkt gehört zur Selbstliebe, auf den ich hier schon vorweg eingehen möchte.
Es ist wichtig, dass du dich nackt vor den Spiegel stellen und zu dir selbst sagen kannst:
„Ja, ich liebe mich so, wie ich bin" und „Ich liebe meinen Körper".
Deinen Körper mit all seinen Makeln anzunehmen und zu lieben, ist einer der wichtigsten Aspekte der Selbstliebe.

Dazu gehört auch, dass du deinen Körper an allen Stellen berühren kannst, ohne dabei zu beurteilen oder zu verurteilen.
Dein Körper ist so attraktiv und einzigartig, wie er ist.
Es gibt keinen Menschen, der je genau wie du sein wird.
Du bist ein perfekter Mensch, ein perfektes Wesen.
Das musst du dir immer vor Augen halten.

Wozu ist Sexualität überhaupt gut?

Sexualität ist ein integraler Bestandteil des menschlichen Lebens aus verschiedenen Gründen:

1. **Fortpflanzung:**
   Sexuelle Aktivität ist der primäre Mechanismus für die Fortpflanzung bei Menschen.
   Ohne sexuelle Beziehungen könnte die menschliche Spezies nicht überleben.

2. **Intime Beziehungen:**
   Sexualität spielt eine zentrale Rolle in intimen Beziehungen zwischen Partnern.
   Intimität und Sexualität können Vertrauen, Bindung und Nähe fördern und eine wichtige Quelle der Befriedigung und des Vergnügens sein.

3. **Körperliche Gesundheit:**
Sexuelle Aktivität kann verschiedene positive Auswirkungen auf die körperliche Gesundheit haben.
Sie kann Stress reduzieren, das Immunsystem stärken, die Durchblutung fördern und das Risiko bestimmter Krankheiten verringern.

4. **Psychische Gesundheit:**
Sexualität kann auch eine wichtige Rolle für die psychische Gesundheit spielen.
Sie kann das Selbstwertgefühl steigern, das Wohlbefinden verbessern und Stress abbauen.
Intime Beziehungen und sexuelle Erfahrungen können auch zur persönlichen Entwicklung und Identitätsbildung beitragen.

5. **Kommunikation und Bindung:**
Sexuelle Aktivität kann eine Form der Kommunikation zwischen Partnern sein und zur Stärkung ihrer Bindung beitragen.
Durch den Austausch von Zärtlichkeiten, Nähe und Intimität können sich Paare emotional verbunden fühlen.

6. **Selbstausdruck und Identität:**
Die Art und Weise, wie Menschen ihre Sexualität ausleben, kann ein wichtiger Teil ihrer persönlichen Identität sein.

Sexuelle Vorlieben, Orientierungen und Ausdrucksformen können viel über eine Person aussagen und eine Quelle der Selbstverwirklichung sein.

Es ist wichtig anzumerken, dass die Bedeutung der Sexualität für jeden Menschen individuell ist und sich im Laufe des Lebens ändern kann.
Ein gesundes Verständnis und eine positive Einstellung zur eigenen Sexualität können dazu beitragen, ein erfülltes und befriedigendes Leben zu führen.

Warum dient die Sexualität der körperlichen und mentalen Gesundheit?

Sexuelle Aktivität kann verschiedene positive Auswirkungen auf die körperliche Gesundheit haben.
Zum einen kann regelmäßiger Sex dazu beitragen, das allgemeine Wohlbefinden zu steigern, indem er körperliche Anspannung und Stress abbaut.
Während des Höhepunktes werden Endorphine freigesetzt, die als natürliche Schmerzmittel wirken und ein Gefühl des Wohlbefindens erzeugen können.
Dies kann dazu beitragen, Kopfschmerzen zu lindern, Muskelverspannungen zu reduzieren und die Stimmung zu heben.
Zum anderen kann sexuelle Aktivität auch einige positive Auswirkungen auf die körperliche Gesundheit haben.

Sie kann das Immunsystem stärken, indem sie die Produktion von Antikörpern erhöht und so das Risiko von Infektionen verringert.
Darüber hinaus kann regelmäßiger Sex die Herzgesundheit verbessern, indem er die Durchblutung fördert und den Blutdruck senkt.
Studien haben gezeigt, dass Menschen, die regelmäßig Sex haben, tendenziell eine bessere kardiovaskuläre Gesundheit und ein geringeres Risiko für Herz-Kreislauf-Erkrankungen aufweisen.

Und was ist mit der Psychische Gesundheit?

Sexuelle Aktivität kann auch eine wichtige Rolle für die psychische Gesundheit spielen.
Zum einen kann sie das Selbstwertgefühl und das Selbstbewusstsein steigern, indem sie ein Gefühl der Attraktivität und begehrenswerten Verbundenheit vermittelt.
Ein erfülltes Sexleben kann auch das allgemeine Wohlbefinden und die Lebenszufriedenheit steigern.
Zum anderen kann Sex eine Form der Stressbewältigung und Entspannung sein.
Während des Höhepunktes werden verschiedene chemische Substanzen im Gehirn freigesetzt, darunter Endorphine, Serotonin und Oxytocin, die alle dazu beitragen können, Stress abzubauen und ein Gefühl von Entspannung und Gelassenheit zu fördern.

Darüber hinaus kann sexuelle Aktivität auch zur emotionalen Verbundenheit und zur Stärkung von Beziehungen beitragen.
Intime Momente des körperlichen Ausdrucks können das Vertrauen stärken, die Kommunikation verbessern und das Gefühl von Nähe und Intimität zwischen Partnern fördern.

Warum dient die Sexualität der Kommunikation und Bindung?

Sexuelle Aktivität kann eine wichtige Rolle in der Kommunikation und Bindung zwischen Partnern spielen. Zum einen kann sie eine Form der nonverbalen Kommunikation sein, die dazu beiträgt, Bedürfnisse, Wünsche und Gefühle auszudrücken.
Durch den Austausch von Zärtlichkeiten, Nähe und Intimität können sich Paare emotional verbunden fühlen und ein tieferes Verständnis füreinander entwickeln.
Zum anderen kann sexuelle Aktivität auch zur Stärkung der Bindung zwischen Partnern beitragen.
Intime Momente des körperlichen Ausdrucks können das Vertrauen stärken, die Kommunikation verbessern und das Gefühl von Nähe und Verbundenheit fördern.
Darüber hinaus kann regelmäßiger Sex dazu beitragen, die Beziehung zu festigen, indem er das Gefühl der Exklusivität und der gegenseitigen Hingabe stärkt.

Was spielt noch eine Rolle?

Selbstausdruck und Identität sind zentrale Aspekte der menschlichen Erfahrung, und die Art und Weise, wie Menschen ihre Sexualität ausleben, kann einen bedeutenden Teil ihrer persönlichen Identität ausmachen. Selbstausdruck und Identität bezieht sich auf die Bedeutung der Sexualität als Mittel des Selbstausdrucks und der Identitätsbildung.

Sexualität ist ein komplexes und facettenreiches Element der menschlichen Existenz, das weit über die rein körperliche Aktivität hinausgeht.

Sie umfasst unsere sexuellen Vorlieben, Orientierungen, Fantasien, Werte und Überzeugungen.

Die Art und Weise, wie wir unsere Sexualität leben, kann viel über uns aussagen und einen wesentlichen Teil unserer Persönlichkeit und unseres Selbstverständnisses ausmachen.

Die individuelle sexuelle Identität ist das Ergebnis eines komplexen Zusammenspiels von biologischen, psychologischen, sozialen und kulturellen Einflüssen. Biologische Faktoren wie genetische Veranlagung und Hormonhaushalt können die sexuelle Orientierung und Vorlieben beeinflussen, während psychologische und emotionale Faktoren wie frühe Lebenserfahrungen, Bindungsstile und Selbstbild eine Rolle spielen können. Für viele Menschen ist die Entdeckung und Erforschung ihrer eigenen Sexualität ein wichtiger Teil des Erwachsenwerdens und der persönlichen Entwicklung.

Es kann ein Prozess der Selbstfindung und Selbstakzeptanz sein, der oft von Neugierde, Erkundung und Experimentieren geprägt ist.
Indem man seine sexuellen Vorlieben, Fantasien und Grenzen erforscht, kann man ein tieferes Verständnis für sich selbst gewinnen und eine authentische und erfüllte Sexualität entwickeln.
Darüber hinaus kann die Art und Weise, wie wir unsere Sexualität ausdrücken, ein Mittel sein, um unsere Identität und unsere Werte zu artikulieren.
Unsere sexuellen Vorlieben und Bezichungspraktiken können ein Ausdruck unserer persönlichen Überzeugungen, politischen Ansichten, kulturellen Zugehörigkeit und spirituellen Überzeugungen sein.
Indem wir unsere Sexualität frei und selbstbestimmt ausleben, können wir unsere Individualität und Einzigartigkeit zum Ausdruck bringen und uns mit Gleichgesinnten verbinden, die ähnliche Werte teilen.
Es ist wichtig anzuerkennen, dass sexuelle Identität und Selbstausdruck nicht statisch sind, sondern sich im Laufe des Lebens entwickeln und verändern können.
Die Art und Weise, wie wir unsere Sexualität erleben und ausdrücken, kann sich im Laufe der Zeit verändern, je nach den Lebensumständen, Beziehungsdynamiken und persönlichen Wachstumsprozessen.
Indem wir uns selbst erlauben, offen und ehrlich mit unserer Sexualität umzugehen, können wir eine tiefere Verbindung zu uns selbst und anderen aufbauen und ein erfülltes und authentisches Leben führen.

Wie stehst du zur Sexualität?

Jeder Mensch hat eine andere Vorstellung, was Sexualität für ihn oder sie bedeuten darf.
Viele Menschen machen ein gutes Sexleben an der „Menge" ihrer erreichten Höhepunkte fest, andere wiederum an der Intensität eines Höhepunkts, andere wiederum an der Qualität des zwischenmenschlichen Agierens.
Die Wahrheit mag wohl irgendwo dazwischen liegen oder für jeden ganz individuell am einem bestimmten Punkt.
Was ich aber im Laufe der Jahre verstehen lernen konnte war, dass Männer und Frauen anders empfinden, aber ähnlich das gleiche meinen.

Aussage: „Wenn ich nach dem Sex mindestens drei Tage lang mit einem Dauergrinsen rum laufe, so viel Energie habe, das ich einen Wald ausreißen könnte und jedes Mal, wenn ich an dich denke geil werde, dann war der Sex gut". (Männliche oder Weibliche Aussage?)

Was erwartest du von einem Höhepunkt?

Auch diese Frage ist „Existenziell wichtig".
Ein Höhepunkt ist eines der größten Geschenke, welches uns unser Körper machen kann.

Sieh ihn als etwas Wertvolles an, lerne jeden Höhepunkt und sei er noch so klein, zu schätzen.
Nur, wenn du dieses Geschenk zu schätzen weißt, wirst du die Freude daran erkennen.
Aber auch hier gilt wieder, „Der Weg ist das Ziel“.

Deko Wissen ☺

Sexualität bei Frauen und weibliche Höhepunkt Arten

Welche Arten von Höhepunkte können Frauen denn empfinden?
Hierbei unterscheide ich, zwischen körperlichen und energetischen Höhepunkte.

Die Körperlichen Höhepunkte sind:

1. Orale Höhepunkte aktiv und passiv
2. Gewöhnlicher Verkehr
3. Anale Höhepunkte aktiv (durch Hilfsmittel) und passiv
4. Höhepunkt durch Stimulation des A- Punktes
5. Höhepunkt durch Stimulation des G- Punktes
6. Höhepunkt durch Stimulation des H- Punktes

7. Höhepunkt durch Stimulation des U- Punktes (oft erreicht furch Fisting)
8. Harnröhren Höhepunkt
9. Klitorale Höhepunkte (Wobei der Höhepunkt durch verschiedene Berührungspunkte ausgelöst werden kann)
10. Brust/Brustwarzen Höhepunkt
11. Zervix Höhepunkt
12. Höhepunkt durch Hautkontakt oder Küssen
13. Höhepunkt durch das Zusammenziehen der inneren Schamlippen
14. Höhepunkt durch NS
15. Höhepunkt durch dominantes oder devotes Verhalten
16. Höhepunkt durch Fußerotik

Energetische/Mentale Höhepunkte:

1. Durch bewusstes Träumen (Luzides Träumen)
2. Durch unbewusstes Träumen
3. Durch aktive Phantasien
4. Ohne jegliche Phantasie, ohne Berührung (in den einzelnen Chakren, außerhalb des Körpers oder in verschiedenen Teilbereichen des Körpers)
5. Höhepunkt nur durch „Augenkontakt“

Männliche Höhepunkte

1. Orale Höhepunkte aktiv und passiv
2. Gewöhnlicher Verkehr
3. Anale Höhepunkte aktiv (durch Hilfsmittel) und passiv
4. Höhepunkt durch Fisting
5. Höhepunkt durch Prostata Massage/Stimulation innen und Außen
6. Harnröhren Höhepunkt
7. Höhepunkt durch Eichel Kontraktion
8. Brustwarzen Höhepunkt
9. Höhepunkt durch Hautkontakt oder Küssen
10. Höhepunkt durch NS
11. Der „Trocken- Höhepunkt"
12. Höhepunkt durch dominantes oder devotes Verhalten
13. Höhepunkt durch Fußerotik

Energetische/Mentale Höhepunkte:

14. Durch bewusstes Träumen (luzides Träumen)
15. Durch unbewusstes Träumen
16. Durch aktive Phantasien
17. Ohne jegliche Phantasie, ohne Berührung (in den einzelnen Chakren, außerhalb des Körpers oder in verschiedenen Teilbereichen des Körpers)
18. Höhepunkt nur durch „Augenkontakt"

Wie du siehst, sind Männer und Frauen gar nicht so unterschiedlich.
Auch in den einzelnen Regionen des Penis können beim Mann verschiedenen Arten oder Gefühle der Höhepunkte wahrgenommen werde.

Die meisten Frauen denken zu viel, wobei ich es nicht unbedingt nur auf Frauen beziehen will.

Selbstwert und Selbstliebe
Der Weg zur inneren Freiheit

Dies ist von Mensch zu Mensch unterschiedlich.
Aber oft haben Frauen gelernt, dass sie sich „besser in die Gesellschaft einfügen müssen“, sozial und verbindend für alle da sein müssen, und dass ihre eigenen Bedürfnisse unwichtig sind.
Auch ich hatte in meinem Leben eine Phase, in der ich aufgrund dieser „falschen Glaubenssätze“ nicht gut über mich dachte.
Gedanken wie „Ich bin zu klein, zu fett, zu hässlich“ machten sich breit.
Die Realität sah jedoch anders aus.
Ich hatte so viele Verehrer, dass ich mich kaum vor ihnen retten konnte.

Sie sahen mich nicht so, wie ich mich selbst sah.
Es war schlichtweg ein Mangel an Selbstwert und Selbstliebe, vom Selbstbewusstsein ganz zu schweigen.
Diese negativen Gedanken hielten nicht lange an, doch ihre Auswirkungen waren spürbar, bis ich eines Tages vor einem der größten Scherbenhaufen meines Lebens stand und erkannte, dass es meine eigenen Gedanken waren, die mich dahin geführt hatten.
Von da an begann ich, mich und mein Leben zu reflektieren.
Die erste Feststellung war alles andere als schön:
Ich war wirklich „hässlich" geworden.
Ich hatte mich gehen lassen.
Mein äußeres Erscheinungsbild glich einer Vogelscheuche, die nach drei Sommern fast auseinanderfiel.
Ich hatte keinerlei Respekt, Selbstwertgefühl, geschweige denn Achtung vor mir selbst. Meine Ausstrahlung glich der einer Toastscheibe, die sich vom Sonnenlicht bräunen lassen wollte.
Ich war mit meinen Nerven am Ende.
Ich wollte doch nur ein normales Leben führen, wie jede andere Frau auch.
Einen normalen Partner haben.
Mich als Frau begehrenswert fühlen.
Das war das erste Mal, dass ich anfing, mein Leben zu hinterfragen und mein Verhalten zu überdenken.
Das war der erste Schritt, raus aus meinem Chaos.

Ich hatte mich immer darüber beschwert, was ich nicht hatte, und war frustriert, dass alle anderen das bekamen, was ich mir so krampfhaft wünschte.
Und da lag der Fehler:
Ich war innerlich verkrampft.
Ohne es zu merken, hatte ich mich so verändert, dass ich keinen Ausweg mehr sah – bis ich dies endlich erkannte.
Und dies ist auch für dich der erste Schritt:

Der Wert der Selbstliebe

Selbstwert ist der Schlüssel, um sich fallen lassen zu können.
Wenn das Selbstwertgefühl im Keller ist, wird es unwahrscheinlich sein, mit einem anderen Menschen ein erfülltes Liebesleben zu haben.
Selbstwert ist auch entscheidend, um unsere Schwingungen zu erhöhen.
Dieses Thema ist so wichtig, dass ich später noch einmal darauf eingehen werde.
Die Reise zu einem höheren Selbstwert beginnt mit der Erkenntnis und Akzeptanz dessen, wer du bist.
Es ist ein Prozess, der Mut und Geduld erfordert, aber es lohnt sich.
Denn sobald du beginnst, dich selbst zu lieben und deinen Wert zu erkennen, wirst du eine transformative Kraft in deinem Leben entdecken.
Deine Ausstrahlung, dein Selbstbewusstsein und deine Fähigkeit, wahre Intimität zu erleben, werden sich erheblich verbessern.

Und das ist der Beginn eines erfüllteren und glücklicheren Lebens.

2. **Sexuelle Erfüllung**

Für jeden Menschen ist sexuelle Erfüllung etwas anderes. Manche Menschen finden sexuelle Erfüllung, wenn der Sex gut ist, andere, wenn sie beim Sex einen Höhepunkt haben.
Andere sagen, dass beides stimmen muss.
Und andere wiederum sagen, dass man den perfekten Partner dazu braucht.

Ich sage zu all diesen Aspekten „Ja“, aber setze da noch eine Stufe drauf.

Ich weiß für mich, dass es schön ist, wenn all diese Faktoren stimmen, aber ich erkläre dir, warum nicht eine dieser Behauptungen stimmen muss.

Ich habe in meinem Leben die unterschiedlichsten Männer kennen gelernt, tausende Gespräche geführt, hunderte von Büchern gelesen, viele Methoden erlernt und ausprobiert und auch die unterschiedlichsten „Beziehungen“ geführt.

Die Wahrheit über guten Sex und erfüllte Intimität

Es gibt keinen universellen Schlüssel für guten Sex, denn jeder Mensch ist anders.
Das habe ich auf die harte Tour gelernt.
Da war dieser eine Mann, der fantastisch aussah, aber im Bett eine totale Niete war (zumindest dachte ich das damals).
Ein anderer Mann, den ich kaum ansehen konnte, war eine wahre Offenbarung im Bett. Rückblickend erkenne ich, dass es meine eigene Oberflächlichkeit war, die mir im Weg stand, und ich finde es sehr schade, dass ich das nicht früher erkannte.
Dann gab es den Typen, der im Bett eine absolute Granate war, aber in zwei Jahren Beziehung brachte er mich nie zum Höhepunkt.
Ein anderer Partner war egoistisch, und dennoch hatte ich immer einen Höhepunkt mit ihm.
Worauf ich hinaus will:
Es spielt keine Rolle, welchen Typ Mensch du vor dir hast, solange du weißt, was du willst. Nicht dein Partner ist verantwortlich dafür, dass du guten Sex und Spaß hast – das liegt ganz bei dir.
Du darfst dein Potenzial entfalten und dir das geben, was du dir wünschst.
Das Äußere deines Partners spielt dabei überhaupt keine Rolle.
Das Einzige, was du tun musst, ist, deinem Partner klar zu sagen, was er tun und lassen soll. Wenn man mit

einem anderen Menschen interagiert, ist es wichtig, klipp und klar seine Bedürfnisse und Wünsche zu kommunizieren.
Nur so können beide Spaß haben und die Erfahrung als erfüllend empfinden.
Es bringt deinem Partner nichts, wenn du dich langweilst und er am Ende alleine dasteht, weil er nicht weiß, was er hätte besser machen können.
Ehrlichkeit und Kommunikation sind der Schlüssel.

Und im Großen und Ganzen es spielt keine Rolle, ob es einen festen Partner gibt oder nicht.
Es geht einzig und allein darum, was du willst und dass du das auch tust.
Wenn es einen Partner gibt, kommunizierst du ihm klar, was du von ihm möchtest.
Der Frust von unerfüllten Begierden kann dich langfristig sehr wütend und antriebslos machen, und das tut dir nicht gut.
Du bist der wichtigste Mensch in deinem Leben, unabhängig davon, ob du einen Partner hast oder nicht.
Es gibt nichts Wichtigeres als deine Befriedigung.
Natürlich zählt auch die deines Partners, aber es ist wie mit allem im Leben:
„Was in deinem Inneren nicht ist, wirst du im Außen niemals ausstrahlen und finden." Deshalb ist es so wichtig, erst einmal in deinem Inneren aufzuräumen und dann im Außen authentisch zu agieren.

Deine Authentizität und Befriedigung

Es geht in erster Linie darum, dein authentisches Ich zu leben und deine Befriedigung zu finden.
Das sollte dir das Wichtigste sein.
Der zweite Punkt ist, dass du für dich weißt, was du von diesem Sex erwartest.
In erster Linie sollte dies das Gefühl des Erfüllt seins sein.
Ausgelassenheit, Leichtigkeit, Spaß haben und alle Emotionen zulassen – egal, was dein Partner von dir denkt.
Der dritte Punkt ist, „Wann du es willst und wenn du es willst".
Tue nie etwas aus Gewohnheit heraus.
Tue es nur dann, wenn du es wirklich willst und entscheide dich bewusst dafür.
Das sind die wichtigsten Orientierungspunkte für erfüllten Sex und erfüllte Höhepunkte – egal, ob für Mann oder Frau.
Der erste Schritt zu gutem Sex ist der Gedanke daran, dass der Sex perfekt wird.
Der zweite Schritt ist das Bewusstsein, dass du den Sex lenkst.
Der dritte Schritt ist, dass du vorher weißt, was du von diesem Sex erwartest.
Und das Wichtigste von allem ist, dass es dir dabei immer gut geht, egal, was du tust.

Der „richtige“ Partner

Ich würde nie verallgemeinern oder pauschalisieren.
Es gibt immer Partner, mit denen man das eine ausleben kann und das andere nicht.
Nein. Mit dem „richtigen“ Partner kannst du alles ausleben und urteilsfrei kommunizieren. Wenn du dies für dich innerlich nicht vereinbaren kannst, solltest du dir bewusst ein paar Fragen stellen:

- Ist er/sie für mich der/die richtige Partner/Partnerin?
- Warum kann ich meine Bedürfnisse mit diesem Partner nicht ausleben?
- Was hindert mich daran, ich selbst zu sein?
- Was hindert mich daran meine Bedürfnisse klar und ehrlich zu kommunizieren?
- Was kann oder sollte ich tun, damit ich das kann?

Es ist keine Frage von Schuld, sondern eine Frage des Bewusstwerdens.
Wenn ich meinen Partner als „zu wertvoll“ ansehe, um ihm meine „wertvollsten Phantasien zu erzählen“, stehe ich mir da nicht selbst im Weg?
Ja klar, weil dann immer noch das Denken vorhanden ist, was der andere über dich denkt. Und das hat beim Sex und überhaupt in deinem Leben nichts verloren.

Das hat nichts mit Egoismus zu tun, sondern mit einem gesunden Selbstwertgefühl.
Und das ist auch das Thema: Was denkst du über dich selbst?
Du bist die wichtigste Person in deinem Leben – ohne jeglichen Kompromiss.

Kannst du dich beim Sex fallen lassen?

Das Wichtigste, um physisch optimale Verschmelzung genießen zu können ist das Talent sich fallen lassen zu können.

Das optimale Fallenlassen während des Geschlechtsverkehrs kann von Frau zu Frau unterschiedlich sein, da es stark von individuellen Vorlieben, Empfindungen und Bedürfnissen abhängt. Dennoch gibt es einige allgemeine Tipps, die Frauen dabei unterstützen können, sich beim Sex optimal fallen zu lassen:

1. Kommunikation: Offene und ehrliche Kommunikation mit dem Partner ist entscheidend.
   Teile deine Wünsche, Bedenken und Vorlieben mit und ermutige deinen Partner, dasselbe zu tun. Dies schafft ein Gefühl von Vertrauen und

Verbundenheit, das es einfacher macht, sich fallen zu lassen.

2. Entspannung: Sich vor dem Sex zu entspannen, kann helfen, den Geist und den Körper auf den Akt vorzubereiten.
   Atme tief ein und aus, praktiziere Entspannungstechniken wie Meditation oder Yoga oder genieße eine sinnliche Massage, um Spannungen abzubauen und dich auf den Moment zu konzentrieren.

3. Vertrauen: Vertraue darauf, dass dein Partner für dich da ist und deine Bedürfnisse respektiert. Wenn du dich sicher fühlst, kannst du dich leichter öffnen und dich dem Erlebnis hingeben.

4. Selbstbewusstsein: Fühle dich wohl in deinem Körper und in deiner Sexualität.

5. Sicherheit: Sorge dafür, dass du dich sicher fühlst und deine Privatsphäre genießen kannst. Intimität solltest du immer so leben, wie du es für richtig und sicher empfindest, im Innen und im Außen.

6. Akzeptiere und liebe dich selbst, so wie du bist, und erkenne deine eigene Schönheit und Anziehungskraft an.

7. Erkundung: Nimm dir Zeit, deinen eigenen Körper und deine eigenen Bedürfnisse zu erkunden. Indem du dich selbst besser kennst, kannst du deinem Partner besser mitteilen, was dir gefällt und was nicht, und so ein erfüllendes sexuelles Erlebnis schaffen.

8. Sinnlichkeit: Konzentriere dich auf deine Sinne und die Empfindungen in deinem Körper während des Geschlechtsverkehrs. Genieße die Berührungen, Gerüche, Geräusche und Geschmäcker und lass dich von ihnen mitreißen.

9. Loslassen: Gib dich dem Moment hin und lass alle Gedanken und Sorgen los. Konzentriere dich nur auf die Empfindungen in deinem Körper und erlaube dir, vollständig im Hier und Jetzt zu sein.

10. Experimentiere: Sei offen für neue Erfahrungen und Experimente im Schlafzimmer. Probiere verschiedene Positionen, Techniken und Fantasien aus, um herauszufinden, was dir gefällt und was nicht.

11. Nachsorge: Vergiss nicht, nach dem Sex fürsorglich mit dir selbst umzugehen. Nimm dir Zeit für Zärtlichkeit und Nähe mit deinem Partner oder für Selbstpflege, um das Gefühl der Verbundenheit und Erfüllung zu verlängern.

Indem du diese Tipps berücksichtigst und auf deine eigenen Bedürfnisse achtest, kannst du dich beim Sex optimal fallen lassen und ein erfüllendes und befriedigendes sexuelles Erlebnis genießen.

Positive Affirmationen für ein gesundes Körpergefühl und körperliche Selbstliebe

1. Ich vertraue meinem Körper und seiner Weisheit.
2. Ich liebe und akzeptiere mich selbst in meiner Sexualität.
3. Ich bin stolz darauf, wer ich bin und was ich fühle.
4. Ich verdiene es, mich sexuell erfüllt und glücklich zu fühlen.
5. Ich bin frei von Scham und Schuldgefühlen, besonders in Bezug auf meine Sexualität.
6. Ich bin in der Lage, meine eigenen Wünsche und Bedürfnisse zu kommunizieren.
7. Ich bin ein sexuelles Wesen und das ist wunderbar.
8. Ich vertraue darauf, dass ich in meinen sexuellen Beziehungen respektiert und geliebt werde.
9. Ich genieße meine Sexualität in all ihren Facetten.
10. Ich habe das Recht auf ein erfülltes und befriedigendes Sexualleben.

11. Ich bin in der Lage, mich auf meinen Partner oder meine Partnerin zu verlassen und mich sicher zu fühlen.
12. Ich ehre meine Grenzen und respektiere die Grenzen anderer in meiner sexuellen Interaktion.
13. Ich bin fähig, Intimität und Verbundenheit in meinen Beziehungen zu erleben.
14. Ich bin einzigartig und wertvoll, genauso wie ich bin, auch in meiner Sexualität.
15. Ich habe das Recht auf Selbstbestimmung und Autonomie in meiner Sexualität.
16. Ich bin frei von negativen Glaubenssätzen und Vorurteilen über meine Sexualität.
17. Ich bin in der Lage, mich in meiner Sexualität auszudrücken und zu erforschen, ohne Urteile oder Einschränkungen.
18. Ich bin fähig, mich mit meinem Partner oder meiner Partnerin zu verbinden und eine tiefere Intimität zu erleben.
19. Ich bin in der Lage, meine Sexualität zu feiern und als Quelle von Freude und Vergnügen anzuerkennen.
20. Ich bin fähig, mich in meiner Sexualität sicher und wohl zu fühlen, egal in welcher Form sie sich ausdrückt.
21. Ich liebe, achte und pflege meinen Körper gern.
22. Ich gehe achtsam mit mir und meinem Partner in jeder erdenklichen weise um.

Diese Affirmationen können dazu beitragen, ein positives und gesundes Verhältnis zur eigenen Sexualität zu entwickeln und zu pflegen.
Auch wenn es in erster Linie bei allen Interaktionen immer um dich geht, ist es genau so wichtig achtsam mit deinem „Gegenüber" um zu gehen.
Es ist nichts „Schändlicher" eine absolute Egonummer zu fahren und seinen Partner dabei außeracht zu lassen.
Jeder möchte sich in einer Verbindung wertgeschätzt, angenommen und respektiert fühlen.

Die verschiedenen „Ebenen" der Höhepunkte

Ich habe es einfach mal, „die verschiedenen Ebenen" der Höhepunkte genannt, weil man Höhepunkte oder einfach gesagt, die befriedigungsformen auf verschiedenen Ebene erleben kann.
Sicherlich wirst du mir zustimmen, wenn du jede Einzelne von ihnen entdeckt hast.
Ich mache dabei Unterschiede, weil die Höhepunkte, welche sich zum einen auf körperlicher Ebene abspielen, andere auf emotionaler/mentaler Ebene und andere miteinander verknüpft sind.
Und der zweite Aspekt, der hier zu Grunde liegt ist, dass jeder Höhepunkt ein anderes Gefühl in dir auslösen wird.
Zum einen sind sie vor der Intensität her unterschiedlich, einige lösen noch andere Gefühle in dir aus und zum anderen fühlen sich alle Ebenen anders an.

Je mehr du dich mit dir und deinem Körper, deinen Empfindungen beschäftigst, umso mehr wirst du die Veränderungen spüren.
Flüchtige Verbindungen mögen einen gewissen Vorteil in sich verbergen, aber die Intensität, welche sich in einer langfristigen Verbindung oder Beziehung entwickeln kann ist sehr vielseitiger und nachhaltiger.
In einer langfristigen Verbindung lernt man die Gefühle und Bedürfnisse seines Gegenübers viel besser kennen und verstehen.
Dies bietet vielseitige Möglichkeiten für Wachstum, Verständnis, gegenseitigem Respekt und Vertrauen.
Aber auch der Aspekt sich emotional fallen lassen zu können und dies egal auf welcher Ebene, ist eine sehr wertvolle Erkenntnis und sehr wichtig.
Hauptsächlich wenn man einen absoluten Ekstase Höhepunkt anstrebt, ist ein Kontrollverlust und ein tiefes Gefühl absoluten Vertrauens unabdingbar.
Es bedarf dem absoluten Verlust jeglicher Kontrolle und Gedanken, um gefühlsmäßig an diesen Punkt zu gelangen.

Die verschiedenen Ebenen:

1. Höhepunkt durch Sex mit einem Partner
2. Höhepunkt durch Körper Berührung
3. Höhepunkte durch Gedankenkontrolle
4. Höhepunkt im Schlaf

5. Höhepunkt ohne sexuelle Gedanken und ohne körperliche Berührung

6. Höhepunkt mit Berührung

Ich mache einen Unterschied zwischen „Höhepunkt mit Berührung“ und „Höhepunkt zweier Menschen“.

Ein Höhepunkt mit Berührung kann auf der einen Seite durch Selbstbefriedigung sein, aber es ist auch möglich, sich von einem anderen Menschen berühren zu lassen, ohne Sex zu haben.
Im Schulunterricht wurde dies früher Petting genannt.

Eine echt tolle Methode ist die Massage.
Jetzt wirst du wahrscheinlich sagen, dass eine „normale Massage“ keinen Höhepunkt hervorrufen kann.
Aber bei einer Massage setzt das Gefühl des entspannt seins ein und dieses entspannt sein, kann sich von außen nach Innern auswirken und einen Höhepunkt hervor bringen, zumal und ich drücke es mal ein bisschen direkt aus, eine Massage bei den meisten Menschen wie ein Dosenöffner funktioniert.

7. Höhepunkt zweier Menschen miteinander

Auf dieses Thema werde ich nicht im Besonderen eingehen, denn jeder Mensch, der mit seinem „Gegenüber“ Sex hat, weiß, wenn er einen Höhepunkt erlebt und wie es sich für ihn anfühlt.
Klar, gibt es auch hier gewisse Formen und Unterschiede.
Für eine Frau liegt der Unterschied, ob es ein

Klitoraler Höhepunkt ist

oder nicht, in der Intensität, aber auch darin, weil das Gefühl ein ganz anderes ist, als zum Beispiel bei einem Squirting Höhepunkt.
Meist wird dieser Höhepunkt durch das eigene Berühren, der Klitoris hervor gerufen oder durch die Aktivität des Gegenübers.
Ob beim Akt selbst oder bei der Selbstbefriedigung, es spielt keine Rolle.
Diese Art kann man wunderbar in den Sex Akt integrieren, nur sollten sich die Herren der Schöpfung im Klaren darüber sein, dass dieser Bereich nicht wie ein Waschbrett funktioniert und nicht nach der Divise „Je schneller umso besser“ oder „das dauert eh schon zu lange, also mach ich mal schneller“.
Dies ist einer der Punkte, wo es wichtig ist, auf die Bedürfnisse der Frauen ein zu gehen und zu kommunizieren, anstatt sinnlos drauflos zu rubbeln.

Und auch die Finger und Hand Hygiene spielt in diesem Bereich eine große Rolle.
Keine Frau findet es geil, wenn ihr Partner von Arbeit kommt und ohne seine Hände zu waschen in diesem Bereich herum vorwerkt.

der allgemeine Höhepunkt

Bei diesem Höhepunkt wird direkt „auf den G/H/A-Punkt eingewirkt".
Dies erreicht man am besten mit der zwei Finger Massage, Squirting, beim Fisting, beim Verkehr oder durch Selbstbefriedigung.
Da muss jede Frau für sich selbst entscheiden, was sie zulassen kann und möchte, aber natürlich gilt das für die lieben Männer auch.
Beim Fisting muss man aber auch gewisse „Regeln und Normen" einhalten, da es sonst wohl eher schmerzhaft, anstatt Lust fördernd wird.
Erstes Gebot, wie bei allen sexuellen Dingen ist es, das sich die beiden Partner bedingungslos auf einander verlassen und vertrauen können und so ist es unabdingbar, das der aktive Part behutsam ist und so handelt, dass er seiner Partnerin niemals schadet.
Sie hat in diesem Spiel das Sagen und kein anderer, denn es ist ihr Körper, der mit Respekt behandelt und geliebt werden soll.
Wenn ihr dies so umsetzen wollt und könnt, solltet ihr im vornherein auch Wissen, das es für die Frau möglich ist,

dabei ab zu spritzen, also wundert euch nicht, wenn dies passiert.

der Anale Höhepunkt

Auch beim Analsex sind wahnsinnig tolle Höhepunkte möglich.
Aber auch hier ist der Wichtigste Punkt, beide Partner müssen es wollen und schön finden.
Getreu nach dem Motto, „Alles kann, nichts muss“, sollte man auch beim Analsex vorgehen.
Es ist eine der sensibelsten Zonen, egal ob beim Mann oder bei der Frau.
In dieser Region gibt es so viele Äderchen, die man mit falscher Herangehensweise verletzen kann.
Deswegen ist hier äußerste Vorsicht geboten.
Egal, ob dein gegenüber mit seinen Fingern oder mit „Spielzeug“ vor dehnt, solltet ihr immer Gleitmittel verwenden und nur Spielzeuge benutzen, die dafür geeignet sind.
Es hilft keinem Etwas, wenn ihr „salopp gesagt“, mit einer Flasche im Po in die Klinik müsst.
Hab ich schon mal gesehen.
Das ist auch nur für nicht Beteiligte witzig.
Zum einen stelle ich mir dies sehr peinlich vor, aber auch sehr schmerzhaft und ich habe leider schon viele Fälle gesehen, die zwar für Außenstehende sehr lustig waren, aber für den betreffenden sehr demütigend.

Deshalb, bitte nur Fachmännische Spielzeuge verwenden und immer vorsichtig „einsetzen“.

vaginaler Höhepunkt

Ein vaginaler Höhepunkt findet, wie der Name schon sagt, vaginal, also zum Beispiel beim normalen Geschlechtsverkehr statt.
Hierbei ist egal, ob es beim Sex mit einem Partner oder mit einem Dildo, Vibrator passiert.
Hierbei kann es zu den besagten A/H/G- Punkt Höhepunkte oder zu einem Zervix Höhepunkt kommen.

der Zervix Höhepunkt

Der Zervix Höhepunkt ist ähnlich dem vaginalen Höhepunkt, wobei hier durch „heftigen Leistungssport“ das Ziel erreicht wird, in dem der Mann seinen Penis, oder die Frau bei der Selbstbefriedigung das Spielzeug schnell und bis zum Anschlag „versenkt“ wird.
Auch bei diesem Akt sollte die Frau ihren Empfindungen folgen und sobald es schmerzen verursacht aufhören.
Wir Frauen ertragen meist sehr viel, aber es ist nicht in der Sache des Erfinders, rücksichtslos an sein Ziel zu kommen.
Es ist auch oft „Tagesformabhängig“, ob dies funktioniert oder nicht.
Also bitte nicht auf Krampf versuchen.

Was aber eine super Möglichkeit ist, wobei Frauen aber auch an Verhütung denken sollten, ist der Zeitraum der fruchtbaren Tage.
Viele Frauen haben an diesen Tagen ihre intensivsten Empfindungen und können diese Art von Höhepunkt schneller, intensiver und gelassener erleben.

der Brustwarzen Höhepunkt

Die Brustwarzen, beziehungsweise die Brust sind, egal ob bei Mann oder Frau, eine sehr sensible Zone (wenn man es zulassen kann und will).
Manchen Menschen bevorzugen die zärtliche Variante und andere wiederum die härtere mit Zwirbeln und Beißen.
Hier sollte jeder die Variante wählen, bei der er sich am wohlsten fühlt, oder es einfach weglassen, wenn es emotional keine Regung hervorruft.
Grade wenn die Brustwarzen gepierct sind, ist dieses Gefühl entweder sehr viel intensiver oder kaum noch vorhanden.
Einen Höhepunkt durch die Brustwarzen zu zulassen erfordert es auch, den Kopf aus zu schalten und auf seine Empfindungen zu hören.

der „Sinnes Höhepunkt“

Dies ist echt ein Thema für sich, denn es spaltet sich für mich auch in verschiedene Bereiche auf, wobei ich diese von der körperlichen Ebene aus betrachte.

Zum einen kann man verschieden Arten von Höhepunkte erleben, wenn man seinen Fokus auf ein bestimmtes Körperteil lenkt.
Ein wunderbares Beispiel hierfür, ist die Fußerotik.
Ähnlich, wie der Höhepunkt ohne Berührung, ist es bei einem „Fetisch“ so, dass man durch diese Empfindung sein Bewusstsein steuern kann und durch diese gezielte „Lenkung der Gedanken“, den Höhepunkt aus dieser Region des Körpers steuern kann.
Wenn der Partner mit diesem Fetisch richtig umzugehen weiß, wird er die richtigen kniffe entwickeln, die Lust dieser Körperregion zu nutzen und nur durch die „Berührung“, dieser Region einen Höhepunkt auslösen können.
Dies gilt aber für alle Bereiche des Körpers.
Füße, Hände, Gesicht, Beine usw.
Die Wahrscheinlichkeit, dass das ohne jegliche Gedanken funktionieren kann, wage ich allerdings zu bezweifeln, denn ein Fetisch setzt ein Verlangen und eine Phantasie voraus.
Die zweite Form, welche es gibt, ist die „Liebe zu Objekten“.

Auch hier ist es die Berührung des Objektes und die Steuerung der Gedanken, die diesen Höhepunkt auslösen kann.
Jetzt werden einige behaupten, dass es „krank“ ist, ein Objekt zu lieben.
Aber hierzu muss ich sagen, dass es dies keines Falls ist.
Es ist auch eine bewusste Steuerung der Gedanken und auch hierfür gibt es unzählige Beispiele.
Eines der einfachsten Beispiele ist der „Unterwäsche Fetisch“.
Sehr viele Menschen lieben es, schicke Unterwäsche an einem Menschen zu betrachten oder einfach nur den Geruch eines anderen Menschen daran zu erfahren.
Dies ist eine Form der „Sachenliebe“ und keinesfalls zu verurteilen.
Es hängt von der Offenheit des Menschen ab und der Fähigkeit sich darauf ein zu lasse.
Es gibt unzählige Beispiele, was man alles lieben kann.
Ob es nun Socken, Steine, Blumen, Autos oder Eisenbahnen sind.
Alles ist erlaubt, solange es keinem anderen Menschen schadet, beeinträchtigt und man sich selbst damit gut fühlt und sich damit identifizieren kann.

der Harnröhren Höhepunkt

Der Harnröhren Höhepunkt wird durch die Stimulation der Harnröhre ausgelöst.

Dies kann mit einem Handelsüblichen Harnröhrendildo oder Harnröhrenvibrator geschehen und gilt für jedes Geschlecht.
Aber auch dies ist ein Liebhaber Höhepunkt und verlangt den sensiblen und richtigen Umgang mit dem jeweiligen Spielzeug.

Höhepunkt ohne Berührung, noch mal auf den Punkt gebracht

Auch diesen Höhepunkt unterteile ich in verschiedene Arten.

1. Höhepunkt durch Kontraktion der inneren Schamlippen
2. Höhepunkt nur durch Gedanken Steuerung
3. Höhepunkt durch träumen oder Luzieles Träumen
4. Höhepunkt ohne Berührung und ohne jegliche sexuelle Gedanken

Beim Höhepunkt ohne Berührung geht es in erster Linie darum, seine Schwingungen zu erhöhen, denn alles ist Energie, und diese Energie will frei im Körper fließen. Es gibt verschiedene Stadien, die man sich sowohl durch die Bewusstseinsebene als auch durch die Chakren vorstellen kann.

Wir Menschen sind sehr visuell und benötigen daher oft zunächst eine Vorstellung.
Zu Beginn ist dies auch vorteilhaft.
Doch je weiter du in den Prozess eintauchst, desto weniger wirst du solche Vorstellungen benötigen, zumindest keine sexueller Natur.
Es wird viel mehr um die eigene Wahrnehmung und die Wahrnehmung deines Körpers gehen.
Dieser wird dir automatisch zeigen, wo sich deine Energie hauptsächlich zentriert und wie du sie mit deinen Gedanken lenken und ausdehnen kannst.
Das ist ganz einfach, wenn man es ein paar Mal gemacht hat und nach einer Weile sogar innerhalb von Sekunden möglich.
Doch lassen wir uns mit den einzelnen Arten beginnen.

1. Höhepunkt durch Kontraktion der inneren Schamlippen

Die meisten Frauen tuen dies unbewusst und nicht aus sexuellem Aspekt, aber es ist eine sehr spannende Möglichkein, im wahrsten Sinne des Wortes.
Wir alle kennen das, dass wir ab und zu den Po anspannen.
Versuch das mal.
Diese Muskeln sind „der Gegenpart“ zu den Muskeln der Schamlippen.

Wenn wir die Pobacken zusammen ziehen, merken wir im vorderen Bereich auch ein kleines ziehen und es geht dabei darum, die Muskeln im vorderen Bereich, also die inneren Schamlippen mehr zu fordern.
Somit erreicht man es, dass man diese Muskeln gezielt einsetzen kann und einen Höhepunkt nur durch das zusammenziehen der inneren Schamlippen auslösen kann.
Am Anfang kann man dies noch mir „passenden Gedanken" kombinieren, was aber nach einer Weile nicht mehr notwendig sein wird.

2. Höhepunkt nur durch Gedanken Steuerung

Ich kenne wirklich kaum Menschen, die sich in ihrem Leben noch nie Pornos, erotische Bilder oder ähnliches angesehen haben.
Dies ist eine Möglichkeit, auch ohne Berührung zum Höhepunkt zu kommen.
Aber es gibt auch die Möglichkeit der erotischen Phantasien ohne Pornos und Bilder.
Hierbei geht es also darum, den Höhepunkt nur durch das Betrachten von Bildern oder Filmen zu erzeugen, ohne jegliche Berührung und ohne „Spielzeug".
Es ist eine Sache des Trainings, diese Methode zu perfektionieren und umzusetzen.

Aber mit der Zeit, wird aus der Übung eine funktionierende Routine.

3. Höhepunkt durch Träumen oder Luzides Träumen

Zwischen dem einfachen Träumen, in dem unser Unterbewusstsein alles verarbeitet und dem Luziden Träumen gibt es einen kleinen Unterschied.
Beim Träumen steuert das Unterbewusstsein die eigene Phantasie und man wird wach, hat einen Höhepunkt, ohne dies gewollt zu haben.
Es passiert einfach.
Dies kann auch während einer Entspannungsmeditation passieren beim Tagträumen.
Meist weiß man auch gar nicht, was man geträumt hat, manchmal aber schon.
Wenn es ein Traum vom „Objekt der Begierde" war, ist dies nur allzu verständlich und auch viel intensiver, als wenn es „einfach nur so" passiert.
Beim Luziden Träumen hingegen steuert man den Traum auf einer anderen Bewusstseinsebene und erschafft ihn bewusst selbst.
Es ist eine Technik, die man sich antrainieren kann und die laut meinen Erfahrungen am besten tagsüber funktioniert.

Hierbei sinkt man, fast wie bei einer selbst gesteuerten Hypnose in einen absoluten Entspanntheitszustand, in dem man seinen Traumbewusst steuert.
Dies ist aber auch eine Möglichkeit, um seinen Körper und die Energien besser war zu nehmen.
Dies lernt man auch sehr gut durch eine Achtsamkeitsübung.

4. Höhepunkt ohne Berührung und ohne jegliche sexuelle Gedanken

Bei diesem Höhepunkt konzentriert man sich nur kurz auf seinen Energiefluss im Körper und lässt diesen einfach ausbrechen.

Stell dir vor, du könntest einen Höhepunkt ohne Berührung erleben – ein Moment purer Ekstase, allein durch die Kraft deiner Gedanken und die Magie deiner inneren Energien.
Es klingt wie ein Geheimnis aus fernen Welten, doch es ist näher, als du denkst.
Im Kern geht es darum, deine Schwingungen zu erhöhen, denn alles, was existiert, ist Energie.
Diese Energie will frei in deinem Körper fließen, ungehindert und kraftvoll.
Auf dieser Reise durch verschiedene Stadien und Bewusstseinsebenen wirst du lernen, die verborgenen

Pfade deiner Chakren zu entdecken. Anfangs hilft es, sich diese Prozesse vorzustellen.
Wir Menschen sind visuell geprägt, und das mentale Bild kann ein mächtiger Führer sein.
Doch je tiefer du eintauchst, desto mehr wirst du feststellen, dass du keine visuellen Vorstellungen mehr benötigst – vor allem keine sexuellen.
Es wird eine aufregende Entdeckung deiner eigenen Wahrnehmung.
Dein Körper wird dein Lehrer sein, dir zeigen, wo sich die Energie zentriert und wie du sie mit der Macht deiner Gedanken lenken und ausdehnen kannst.
Es ist eine Fähigkeit, die zunächst Übung erfordert, aber schon nach wenigen Versuchen wirst du erstaunt sein, wie leicht es dir fällt.
Mit der Zeit wirst du die Energie in Sekundenschnelle beherrschen.
Bist du bereit, dich auf dieses Abenteuer einzulassen?
Dann beginnen wir jetzt mit den einzelnen Arten, wie du diese erstaunlichen Fähigkeiten erlernen kannst.

Selbstliebe ist ein grundlegendes Konzept in der Psychologie und Selbsthilfe, das sich auf die positive Wertschätzung und Annahme des eigenen Selbst bezieht. Es beinhaltet, sich selbst mit Respekt, Mitgefühl und Freundlichkeit für sich selbst zu praktizieren.

Die Grundlegenden Hauptaspekte der Selbstliebe sind…

1. **Selbstakzeptanz**: Sich selbst mit all seinen Stärken und Schwächen anzunehmen, ohne sich selbst übermäßig zu kritisieren oder zu verurteilen.

Das bedeutet, sich so zu akzeptieren, wie man ist, einschließlich der eigenen Fehler und Unvollkommenheiten.

2. **Selbstfürsorge**: Sich selbst physisch, emotional und mental gut zu behandeln.

Das kann beinhalten, auf eine gesunde Ernährung und ausreichend Schlaf zu achten, regelmäßig Sport zu machen und sich Zeit für Entspannung und Hobbys zu nehmen.

3. **Gesunde Grenzen setzen**: Sich selbst zu respektieren bedeutet auch, gesunde Grenzen in Beziehungen zu setzen und Nein zu sagen, wenn es nötig ist.

Es geht darum, seine eigenen Bedürfnisse und Wünsche zu erkennen und zu kommunizieren, sie zu achten und zu respektieren.

4. **Positives Selbstbild**: Eine positive Einstellung zu sich selbst und seinen Fähigkeiten zu entwickeln.

Das bedeutet, sich selbst zu ermutigen, sich seiner Erfolge bewusst zu sein und sich selbst zu vertrauen.

5. **Selbstmitgefühl**: Sich selbst in schwierigen Zeiten mit derselben Freundlichkeit und Fürsorge zu begegnen, die man einem guten Freund entgegenbringen würde.

Das beinhaltet, sich selbst zu trösten und zu unterstützen, anstatt sich selbst zu kritisieren.

6. **Selbstbewusstsein und Authentizität**: Sich seiner selbst bewusst zu sein und authentisch zu leben, indem man seine eigenen Werte und Überzeugungen erkennt und danach handelt.

Es geht darum, sich selbst treu zu bleiben und sich nicht für andere zu verstellen.

Selbstliebe ist kein egoistisches oder narzisstisches Verhalten, sondern eine gesunde und notwendige Praxis, um ein erfülltes und ausgeglichenes Leben zu führen.
Sie bildet die Basis für gesunde Beziehungen zu anderen, da sie es einem ermöglicht, sich selbst und anderen gegenüber empathisch und respektvoll zu sein.

Und auch das Selbstwertgefühl spielt in unserem Leben eine wichtige Rolle.
Wieviel sind wir uns selbst Wert und sind wir uns, unseres Wertes für uns und die Gesellschaft selbst bewusst?

Selbstwertgefühl, auch als Selbstwert oder Selbstachtung bezeichnet, ist die subjektive Bewertung, die eine Person von sich selbst hat.
Es bezieht sich auf die Überzeugung und das Vertrauen in den eigenen Wert und die eigenen Fähigkeiten.
Ein gesundes Selbstwertgefühl ist entscheidend für das emotionale Wohlbefinden und die psychische Gesundheit.

Das sind die Hauptaspekte des Selbstwertgefühls:

1. **Selbstbewusstsein**: Das Wissen um die eigenen Stärken und Schwächen und das Vertrauen in die eigenen Fähigkeiten.

Personen mit hohem Selbstwertgefühl sind sich ihrer Qualitäten bewusst und akzeptieren ihre Unvollkommenheiten.

2. **Selbstakzeptanz**: Die Fähigkeit, sich selbst zu akzeptieren, unabhängig von Fehlern oder Schwächen.

Das bedeutet, dass man sich selbst trotz Mängeln und Fehltritten als wertvoll ansieht.

3. **Selbstvertrauen**: Der Glaube an die eigenen Fähigkeiten und die Zuversicht, Herausforderungen erfolgreich zu meistern.

Selbstvertrauen ermöglicht es, Risiken einzugehen und neue Dinge auszuprobieren.

4. **Selbstrespekt**: Das Gefühl der Würde und des Respekts für sich selbst.

Es beinhaltet, sich selbst so zu behandeln, wie man von anderen behandelt werden möchte.

5. **Emotionale Stabilität**: Ein gesundes Selbstwertgefühl trägt zur emotionalen Stabilität bei.

Menschen mit einem positiven Selbstbild sind besser in der Lage, mit Stress und Rückschlägen umzugehen.

6. **Beziehungen**: Ein gutes Selbstwertgefühl wirkt sich positiv auf Beziehungen aus.
   Personen, die sich selbst wertschätzen, können auch anderen gegenüber respektvoll und liebevoll sein und gesunde Grenzen setzen.

7. **Motivation und Erfolg**: Ein starkes Selbstwertgefühl kann die Motivation und das Streben nach Zielen fördern. Menschen, die an sich glauben, sind eher bereit, sich Herausforderungen zu stellen und beharrlich an ihren Zielen zu arbeiten.

Was sind deine Ziele?
Was motiviert dich, jeden Tag mit einem Lächeln zu beginnen?
Welche Qualitäten fallen dir sofort ein, die dich und deinen Wesenskern wieder spiegeln?

Die Faktoren, die das Selbstwertgefühl beeinflussen sind unter anderem die:

1. **Erfahrungen in der Kindheit**: Unterstützung, Anerkennung und Liebe von Eltern und Bezugspersonen tragen maßgeblich zur Entwicklung eines gesunden Selbstwertgefühls bei.

2. **Soziale Vergleiche**: Der Vergleich mit anderen kann das Selbstwertgefühl beeinflussen. Negative Vergleiche können es verringern, während positive Bestätigungen es stärken können.

3. **Erfolge und Misserfolge**: Erfolgserlebnisse stärken das Selbstwertgefühl, während wiederholte Misserfolge es schwächen können.

4. **Körperbild**: Wie man seinen eigenen Körper wahrnimmt und akzeptiert, hat einen erheblichen Einfluss auf das Selbstwertgefühl.

5. **Umfeld und soziale Unterstützung**: Ein unterstützendes Umfeld und positive soziale Beziehungen können das Selbstwertgefühl erheblich verbessern.

Das Selbstwertgefühl ist dynamisch und kann sich im Laufe des Lebens verändern.
Es ist wichtig, daran zu arbeiten, ein gesundes Selbstwertgefühl zu entwickeln und aufrechtzuerhalten, um ein erfülltes und zufriedenes Leben zu führen.

Positive Affirmationen für den gesunden Aspekt von Selbstwert und Selbstliebe

1. Ich bin wertvoll und einzigartig.
2. Ich liebe und akzeptiere mich genauso, wie ich bin.
3. Ich bin genug, einfach weil ich, ich selbst bin.
4. Ich vertraue auf meine Fähigkeiten und Stärken.
5. Ich bin voller Liebe und Mitgefühl für mich selbst.
6. Ich bin stolz auf meine Fortschritte und Erfolge.
7. Ich bin es wert, glücklich und erfüllt zu sein.
8. Ich gebe mir selbst die Erlaubnis, Fehler zu machen und aus ihnen zu lernen.
9. Ich bin mutig und gehe meinen eigenen Weg.
10. Ich verdiene es, mich selbst zu verwöhnen und für mich zu sorgen.

11. Ich bin dankbar für meinen Körper und alles, was er für mich tut.
12. Ich bin würdig, bedingungslose Liebe zu geben und zu empfangen.
13. Ich bin es wert, meine Träume zu verfolgen und sie zu verwirklichen.
14. Ich ehre meine Bedürfnisse und setze klare Grenzen.
15. Ich bin fähig, meine Ziele zu erreichen und Erfolg zu haben.
16. Ich bin in der Lage, Schwierigkeiten zu überwinden und gestärkt daraus hervorzugehen.
17. Ich wähle Selbstliebe und Selbstfürsorge jeden Tag aufs Neue.
18. Ich bin voller Selbstvertrauen und Selbstbewusstsein.
19. Ich bin frei von Selbstzweifeln und negativen Gedanken.
20. Ich umgebe mich mit Menschen, die mich unterstützen und inspirieren.
21. Ich bin kreativ und voller Potenzial.
22. Ich bin fähig, tiefe Verbindungen und liebevolle Beziehungen einzugehen.
23. Ich bin es wert, geliebt und geschätzt zu werden.
24. Ich erlaube mir, meine Träume zu träumen und ihnen zu folgen.
25. Ich bin in der Lage, mich von vergangenen Verletzungen zu heilen und inneren Frieden zu finden.

26. Ich bin voller Energie und Lebensfreude.
27. Ich bin mir meiner eigenen Werte bewusst und lebe danach.
28. Ich bin ein Magnet für positive Energie und Glück.
29. Ich bin offen für neue Möglichkeiten und Erfahrungen.
30. Ich bin eine Quelle der Inspiration für mich selbst und andere.
31. Ich bin bereit, mich weiterzuentwickeln und zu wachsen.
32. Ich bin es wert, Liebe und Respekt zu erhalten.
33. Ich bin in der Lage, mich selbst zu lieben, auch wenn andere es nicht tun.
34. Ich bin ein wertvoller Beitrag zu dieser Welt.
35. Ich bin voller Dankbarkeit für das Leben und all seine Geschenke.
36. Ich bin ein Gewinner und kann jede Herausforderung meistern.
37. Ich bin in der Lage, meinen eigenen Weg zu gehen und meine eigenen Entscheidungen zu treffen.
38. Ich bin frei von Selbstverurteilung und Selbstkritik.
39. Ich bin ein Schöpfer meines eigenen Glücks.
40. Ich bin fähig, mich in schwierigen Zeiten zu unterstützen und zu trösten.
41. Ich bin fähig, meine Wahrheit auszusprechen und für mich selbst einzustehen.

42. Ich bin fähig, loszulassen und mich von allem zu befreien, was mich belastet.
43. Ich bin fähig, mich selbst zu lieben, auch wenn ich Fehler mache.
44. Ich bin fähig, mich in meinem eigenen Körper wohlzufühlen.
45. Ich bin fähig, mich von giftigen Beziehungen zu lösen und Raum für Liebe zu schaffen.
46. Ich bin fähig, die Schönheit in mir und um mich herum zu erkennen.
47. Ich bin fähig, meine Bedürfnisse zu kommunizieren und danach zu handeln.
48. Ich bin fähig, mich auf meine Intuition zu verlassen und ihr zu vertrauen.
49. Ich bin fähig, meinen eigenen Weg zu gehen, auch wenn er anders ist als der der anderen.
50. Ich bin fähig, meine Vergangenheit loszulassen und mich auf eine positive Zukunft zu konzentrieren.
51. Ich bin fähig, mein volles Potenzial zu entfalten und meine Träume zu verwirklichen.
52. Ich bin fähig, mich selbst zu akzeptieren, ohne mich ändern zu müssen.
53. Ich bin fähig, mich selbst zu lieben, auch wenn ich Fehler mache.
54. Ich bin fähig, meinen eigenen Wert zu erkennen und anzuerkennen.
55. Ich bin fähig, mich selbst zu lieben, unabhängig von äußeren Urteilen.

Was ist eine Dualseelenverbindung?

Eine Dualseelenverbindung, auch als Zwillingsseelenverbindung oder Twin-Flame-Verbindung bekannt, ist ein spirituelles Konzept, das beschreibt, dass zwei Seelen ursprünglich aus derselben Quelle stammen und sich in zwei getrennte Körper aufgespalten haben.
Diese Seelen haben eine tiefe, intensive Verbindung miteinander, die über das normale Verständnis von Beziehungen hinausgeht.
Hier sind einige Hauptmerkmale und Aspekte einer Dualseelenverbindung:

1. **Tiefe, bedingungslose Liebe**: Dualseelen haben eine starke emotionale und spirituelle Verbindung. Ihre Liebe ist nach Vervollständigung der Seelenanteile bedingungslos und geht über romantische Liebe weit hinaus.

2. **Spiegelung**: Dualseelen spiegeln einander oft wider. Dies bedeutet, dass sie einander ihre tiefsten Ängste, Unsicherheiten, aber auch ihre größten Potenziale zeigen. Diese Spiegelung kann intensive emotionale und spirituelle Heilungsprozesse auslösen.

Es ist aber nicht immer eine eins zu eins Spiegelung.
In Punkten, welche Situationsbezogen sind, spiegeln sie entweder genau diesen Aspekt wieder oder den Umkehrschluss, welcher zu diesem Aspekt geführt hat.

3. **Getrenntsein und Wiedervereinigung**: Oft wird angenommen, dass Dualseelen Phasen der Trennung und Wiedervereinigung durchlaufen. Diese Phasen dienen dem individuellen Wachstum und der spirituellen Entwicklung beider Seelen.
   Diese Trennung ist für den Herzmenschen meist sehr schmerzhaft, ist aber notwendig für die persönliche Entwicklung und das emotionale Wachstum.

4. **Synergie und Synchronizität**: Dualseelen erleben oft Synergie und Synchronizität in ihrem Leben. Ereignisse und Umstände scheinen auf wundersame Weise zusammenzupassen, um ihre Verbindung zu unterstützen und zu stärken.
   Die häufigsten Synchronizitäten spiegeln sich oft in Uhrzeiten, Nummernschildern, auf Reklametafeln oder in alltäglichen Gegenständen wieder.

5. **Spirituelle Evolution**: Eine Dualseelenverbindung dient der spirituellen Evolution beider Seelen.
   Sie fordert beide Partner heraus, sich weiterzuentwickeln, alte Muster zu durchbrechen und ihr höchstes Potenzial zu erreichen.
   Somit erlangen sie das Gefühl der bedingungslosen Liebe zueinander, aber auch zu allem, was sie umgibt.

6. **Intensive Gefühle und Herausforderungen**: Die Beziehung kann sehr intensiv sein, sowohl in positiven als auch in herausfordernden Aspekten. Konflikte und emotionale Turbulenzen sind häufig, da beide Partner tiefgreifende persönliche und spirituelle Themen bearbeiten.

7. **Mission und Zweck**: Dualseelen wird oft ein gemeinsamer Lebenszweck oder eine Mission zugeschrieben. Sie sollen gemeinsam etwas Größeres bewirken, das über ihre individuelle Existenz hinausgeht.

Unterschiede zu anderen Beziehungen

- **Seelenverwandte**: Während Seelenverwandte als Seelen beschrieben werden, die eine tiefe Verbindung teilen und in verschiedenen Leben zusammen sein können, sind Dualseelen spezifisch zwei Hälften derselben Seele, die sich wiedervereinen wollen.

- **Karmische Beziehungen**: Karmische Beziehungen sind oft geprägt von ungelösten Themen und Herausforderungen aus vergangenen Leben, die in der aktuellen Inkarnation gelöst werden sollen. Dualseelenverbindungen sind eher auf spirituelles Wachstum und die Heilung durch die Verbindung ausgerichtet.

Eine Dualseelenverbindung ist ein tiefes, spirituelle Begegnung, welche über die traditionelle Vorstellung von Beziehungen hinausgeht.
Es betont spirituelle Entwicklung, bedingungslose Liebe und die Vereinigung zweier Seelen, die ursprünglich eine Einheit bildeten.
Diese Verbindungen können sehr herausfordernd und gleichzeitig unglaublich bereichernd sein, da sie das tiefste innere Wachstum und die spirituelle Transformation fördern.

Auf menschlicher Ebene könnte man das erste Zusammentreffen von Dualseelen mit einer „Liebe auf den ersten Blick“ beschreiben.

Liebe auf den ersten Blick ist das Phänomen, bei dem eine Person eine intensive, sofortige romantische Anziehung zu einer anderen Person verspürt, oft beim ersten Treffen oder Anblick.
Diese Art von Liebe ist in Literatur, Film und Popkultur weit verbreitet und wird oft als eine kraftvolle und unerklärliche Verbindung beschrieben.
Hier sind einige Hauptmerkmale und Überlegungen zur Liebe auf den ersten Blick:

Hauptmerkmale

1. **Sofortige Anziehung**: Eine starke und unmittelbare körperliche und emotionale Anziehung zu einer anderen Person, ohne dass vorherige Interaktionen oder ein längeres Kennenlernen notwendig sind.

2. **Gefühl der Vertrautheit**: Das Gefühl, die andere Person schon lange zu kennen oder eine tiefe Verbindung zu spüren, obwohl man sich gerade erst begegnet ist.

3. **Intensive Emotionen**: Eine Welle von starken Emotionen, wie Freude, Aufregung und manchmal auch Verwirrung oder Überwältigung, die sofort auftreten.

4. **Körperliche Reaktionen**: Physiologische Reaktionen wie beschleunigter Herzschlag, Schmetterlinge im Bauch oder ein Gefühl von Wärme und Wohlbefinden.

5. **Romantische Fantasien**: Das unmittelbare Entstehen von romantischen Fantasien und Vorstellungen über eine gemeinsame Zukunft mit der anderen Person.

Wissenschaftliche Überlegungen dazu sind unter anderem:

1. **Biologische Faktoren**: Wissenschaftler vermuten, dass biologische und chemische Prozesse im Gehirn eine Rolle spielen könnten, einschließlich der Freisetzung von Neurotransmittern wie Dopamin, die mit Belohnung und Glücksgefühlen verbunden sind.

2. **Visuelle und körperliche Attraktivität**: Äußere Merkmale und Körpersprache können eine starke Rolle bei der Auslösung sofortiger Anziehung spielen. Evolutionäre Theorien schlagen vor, dass Menschen dazu neigen, Partner basierend auf körperlichen Merkmalen auszuwählen, die Gesundheit und Fruchtbarkeit signalisieren.

3. **Psychologische Faktoren**: Vorherige Erfahrungen, Erwartungen und individuelle Unterschiede in der Wahrnehmung und Verarbeitung von Reizen können ebenfalls beeinflussen, wie intensiv und schnell jemand Anziehung verspürt.

Kritische Betrachtung kann man dies auch in einem anderen Aspekt beleuchten:

- **Verwechselung mit Verliebtheit**: Liebe auf den ersten Blick wird oft mit Verliebtheit oder Lust verwechselt, die stark von körperlicher Anziehung und idealisierten Vorstellungen geprägt ist.

- **Langfristige Kompatibilität**: Obwohl die sofortige Anziehung intensiv sein kann, garantiert sie nicht zwangsläufig eine langfristige, stabile und gesunde Beziehung. Eine tiefere emotionale und psychologische Verbindung entwickelt sich oft erst mit der Zeit und durch gemeinsame Erfahrungen.

Das Fazit für die Liebe auf den ersten Blick ist:

Liebe auf den ersten Blick ist ein faszinierendes Phänomen, das viele Menschen erlebt oder idealisiert haben. Während es durch intensive Gefühle und sofortige Anziehung charakterisiert ist, bleibt es wichtig, die langfristige Entwicklung und Kompatibilität einer Beziehung zu berücksichtigen.
Wissenschaftliche und psychologische Perspektiven bieten Einblicke in die möglichen Ursachen und Mechanismen hinter diesem Phänomen, während kulturelle Einflüsse die Wahrnehmung und Bedeutung von Liebe auf den ersten Blick mitprägen.

Was ist nun der Unterschied zwischen Dualseelenliebe und der Liebe auf den ersten Blick?

Der Herzmensch einer Dualseelenverbindung hat ein intensives Gefühl von Vertrautheit, Verbundenheit und Liebe ab dem Moment, wo sich beide Dualseelen treffen und energetisch erkennen.
Der Weg und die Aufgaben einer Dualseelenverbindung zeichnen sich in den ersten Wochen nach der Psynergetischen Vereinigung ab.
Der Herzmensch hat in diesem Moment ein sehr intensives Gefühl, welches auch ein Höhepunkt ohne Berührung sein kann.

Die Gefühle, welche der Herzmensch zu Beginn der Begegnung spürt und in der ersten Hälfte seiner Transformation bis zur Vollendung der Selbstliebe verspürt, das lernt der Gefühlsklärer kennen, sobald der Herzmensch seinen eigenen Weg geht und sich emotional vom Gefühlsklärer abgekapselt hat.
Dies ist für den Herzmenschen der Weg in die bedingungslose Liebe und in das Genießen, während der Gefühlsklärer verstehen lernt, das der Herzmensch für ihn mehr ist, als nur eine Begegnung.

Die eigenen Schwingungen erhöhen

1. Liebesenergie
2. Positive Eigenschaften
3. Meditation
4. Affirmationen

Was ist Liebesenergie

"Liebesenergie" ist ein Begriff, der in verschiedenen Kontexten verwendet wird, um die positive und transformative Kraft der Liebe zu beschreiben.
Es bezieht sich auf die emotionale, spirituelle oder metaphysische Energie, die entsteht, wenn Menschen Liebe empfinden, geben oder empfangen.
In zwischenmenschlichen Beziehungen bezeichnet Liebesenergie die Gefühle der Zuneigung,

Verbundenheit, Fürsorge und Hingabe, die zwischen zwei Personen fließen können.
Diese Energie kann dazu beitragen, Beziehungen zu stärken, Konflikte zu lösen und Wachstum zu fördern.
Im spirituellen oder metaphysischen Kontext wird Liebesenergie oft als eine universelle Kraft betrachtet, die alles durchdringt und verbindet.
Es wird angenommen, dass die Ausstrahlung von Liebe positive Auswirkungen auf das individuelle Wohlbefinden sowie auf die Harmonie in der Welt insgesamt haben kann.
Liebesenergie wird oft als etwas Starkes und Heilendes betrachtet, das in der Lage ist, Hindernisse zu überwinden und Menschen zu einem tieferen Verständnis und Mitgefühl füreinander zu führen.
Es ist eine Energie, die Trost spendet, Freude schenkt und das Leben bereichert.

Positive Eigenschaften

Die positivsten Eigenschaften eines Menschen können variieren, je nachdem, wen du fragst und in welchem Kontext.
Hier sind jedoch einige Eigenschaften, die oft als besonders positiv angesehen werden:

1. **Freundlichkeit:** Freundlichkeit ist eine der grundlegendsten und universell geschätzten Eigenschaften. Sie zeigt sich in Mitgefühl,

Höflichkeit und dem Wunsch, anderen Menschen Gutes zu tun.

2. **Empathie:** Die Fähigkeit, sich in die Gefühle und Erfahrungen anderer hineinzuversetzen, ist eine äußerst wertvolle Eigenschaft. Empathie ermöglicht es uns, Verständnis und Unterstützung zu zeigen und tiefere zwischenmenschliche Beziehungen aufzubauen.

3. **Ehrlichkeit:** Ehrlichkeit und Integrität sind wichtige Grundlagen für Vertrauen und Respekt. Menschen, die ehrlich sind, werden oft als verlässlich und authentisch angesehen.

4. **Großzügigkeit:** Großzügigkeit zeigt sich nicht nur in materiellen Gaben, sondern auch in der Bereitschaft, Zeit, Aufmerksamkeit und Unterstützung zu geben. Sie fördert Verbundenheit und Gemeinschaftssinn.

5. **Dankbarkeit:** Dankbarkeit ist eine Einstellung, die dazu beiträgt, das Positive im Leben zu erkennen und zu schätzen. Sie kann zu größerem Glücksempfinden und einem Gefühl der Zufriedenheit führen.

6. **Selbstlosigkeit:** Selbstlosigkeit beinhaltet die Fähigkeit, über die eigenen Bedürfnisse hinaus zu denken und sich für das Wohl anderer

einzusetzen. Sie zeigt sich in Opferbereitschaft und uneigennützigem Handeln.

7. **Optimismus:** Optimistische Menschen neigen dazu, das Gute in jeder Situation zu sehen und Hoffnung auf eine positive Zukunft zu bewahren. Ihr positives Denken kann ansteckend wirken und andere inspirieren.

8. **Respekt:** Respektvolles Verhalten gegenüber anderen zeigt Achtung und Wertschätzung für ihre Gefühle, Meinungen und Grenzen. Es trägt zur Schaffung einer respektvollen und harmonischen sozialen Umgebung bei.

Diese Eigenschaften können zusammenkommen, um eine Person zu formen, die nicht nur sich selbst, sondern auch anderen Gutes tut und dadurch die Welt um sich herum positiv beeinflusst.

Körperliche und geistige Fitness

Gesunde Ernährung und regelmäßiger Sport sind die Grundpfeiler eines gesunden Lebensstils.
Eine ausgewogene Ernährung versorgt den Körper mit den notwendigen Nährstoffen, Vitaminen und Mineralstoffen, die für das reibungslose Funktionieren aller Körpersysteme unerlässlich sind.

Dazu gehört der Verzehr von viel Obst, Gemüse, Vollkornprodukten, magerem Eiweiß und gesunden Fetten.
Der Verzicht auf stark verarbeitete Lebensmittel, zuckerhaltigen Lebensmitteln, Weizenmehlprodukten und übermäßige Mengen an Salz und gesättigten Fettsäuren kann das Risiko für chronische Krankheiten wie Herz-Kreislauf-Erkrankungen, Diabetes und Fettleibigkeit erheblich reduzieren.

Das ist auch immer super schön zu hören, besonders, aber oftmals ist die Umsetzung delikat.
Ich lebe seit einigen Jahren nach der Blutgruppendiät, welche ich für mich angenommen habe und es geht mir persönlich sehr gut damit.
Zudem achte ich darauf, dass ich möglichst Bio Produkte verwende, welche ich in Gemeinschaftsgärten mit Freunden zusammen anbaue.
Hiermit erfülle ich gleich mehrere Faktoren.
Zum einen betätige ich mich körperlich im Garten, habe Kontakt zu anderen Menschen in einer Gemeinschaft, die ich sehr schätze und mag und dazu kommt der Aspekt regionaler Lebensmittel aus biologischem Anbau.
Produkte, welche ich zusätzlich brauche, versuche ich auf den einheimischen Wochenmärkten oder bei den Landwirten vor Ort zu kaufen, da ich diese lieber unterstütze.
Und ja, ich sündige auch.

Einen Tag pro Woche habe ich mir einen „All I Can Eat Tag“ eingerichtet, an dem ich zwar auch auf meine Ernährung achte, aber auch mal was Ungesundes dabei sein darf.
Regelmäßige körperliche Aktivität ergänzt die Vorteile einer gesunden Ernährung.
Sport stärkt das Herz-Kreislauf-System, verbessert die Muskelkraft und Flexibilität, und trägt zur mentalen Gesundheit bei, indem er Stress reduziert und das Wohlbefinden steigert.
Bereits 30 Minuten moderate Bewegung an fünf Tagen die Woche können signifikante positive Auswirkungen auf die Gesundheit haben.
Aktivitäten wie Joggen, Radfahren, Schwimmen oder Yoga bieten eine Vielzahl von Möglichkeiten, sich fit zu halten und gleichzeitig Spaß zu haben.
Aber das muss jeder für sich selbst Wissen.
Ich habe als chronisches Faultier angefangen mich zu bewegen und mit jeden Tag einer halben Stunde bis Stunde Spaziergang angefangen.
Dies habe ich nicht getan, weil ich mich bewegen wollte, sondern weil ich die genutzt habe, um den Kopf frei zu bekommen und gedanklich eine neue Perspektive zu bekommen.
Daraus entstand gelegentlich spazieren gehen und zwei bis drei Mal die Woche Fitnessstudio für zwei Stunden.
Das musst du aber für dich selbst entscheiden.
Ich bin der Meinung, dass Bewegung notwendig ist, aber suche dir das, was dir Spaß macht.

Und wenn es am Ende auf einmal pro Woche Schwimmen, Tanzen, Yoga oder weiß der Geier was ist, Hauptsache du fühlst dich damit wohl.
Ausgenommen Fastfood und Sofa.
Attraktivität beginnt im Kopf und spiegelt sich im Außen wieder.
Ungesundes Essen und Sofaklemme gehören nicht dazu.

Ich kann mich sehr gut an meine Jugendzeit erinnern.
In der neunten Klasse war ich das dickste Kind der ganzen Schule und diese Schule.
Diese Schule besuchten im Durchschnitt 500 Schüler.
Ich hab mich immer wohl gefühlt, weil ich mich an meinen „gesunden Körper", nicht mehr erinnern konnte.
Uns somit stellte ich mir auch nie die Frage, wie es wäre schlank zu sein.
Ein paar Jahre später hatte ich das Bedürfnis mich verändern zu wollen und somit verbrachte ich jeden Tag um die fünf Stunden im Fitnessstudio.
Nach einem halben Jahr war ich von einer Kleidergröße 46 auf eine 38 runter.
Natürlich hatte ich meine Ernährung auch umgestellt.
Natürlich war dieser Weg sehr „radikal", aber ich fühlte mich damit wohl und ich hielt mein Gewicht auch viele Jahre.
Ich reflektierte und stellte fest, dass ich mich in beiden „Körpern" wohl gefühlt hatte, aber durch den Sport, bessere Ernährung und eine gedankliche Umstrukturierung ging es mir wesentlich besser.

Jede Frau weiß, dass sich der Körper durch Schwangerschaft, Hormone und all so nen Kram immer verändert und das es oftmals nicht möglich ist, eine Modelfigur an den Tag zu legen, aber das müssen wir auch nicht.
Wir sollten gesund, vital sein und uns wohl fühlen.
Das reicht doch.

Aber so kann man auch sagen:
Die Kombination aus gesunder Ernährung und regelmäßiger Bewegung schafft eine solide Basis für ein langes, gesundes und erfülltes Leben.
Es ist wichtig, kleine, nachhaltige Änderungen in den Alltag zu integrieren, die langfristig beibehalten werden können, anstatt kurzfristige, extremere Maßnahmen zu ergreifen.
So können Wohlbefinden und Lebensqualität dauerhaft verbessert werden.
Die Erhöhung der körperlichen Energie kann durch eine Kombination von Lebensstiländerungen, Ernährung und regelmäßiger Bewegung erreicht werden. Hier sind einige praktische Tipps:

1. **Ernährung**:
    - **Ausgewogene Mahlzeiten**: Achte auf eine ausgewogene Ernährung mit einer guten Mischung aus Kohlenhydraten, Proteinen und Fetten. Vollkornprodukte,

Nüsse, Obst und Gemüse sind wichtige Bestandteile.

- **Regelmäßige Mahlzeiten**: Iss regelmäßig, um den Blutzuckerspiegel stabil zu halten und Energieabstürze zu vermeiden. (Schaff ich meistens selber nicht, aber ich wollte es an dieser Stelle mal erwähnt haben)

- **Hydration**: Trinke ausreichend Wasser. Dehydration kann zu Müdigkeit führen. (In Kaffee ist auch Wasser drin, aber das ist nicht gemeint ☺)

- **Vermeidung von Zucker und Junk Food**: Zuckerhaltige und stark verarbeitete Lebensmittel können kurzfristig Energie liefern, führen aber oft zu einem schnellen Energieabfall.

2. **Bewegung**:
    - **Regelmäßige körperliche Aktivität**: Mindestens 150 Minuten moderate oder 75 Minuten intensive Bewegung pro Woche, verteilt auf mehrere Tage, kann die Energie erhöhen.
    - **Bewegung im Alltag**: Kurze Bewegungseinheiten während des Tages,

wie Spaziergänge oder Treppensteigen, können ebenfalls helfen.

3. **Schlaf**:
    - **Ausreichend Schlaf**: Achte auf 7-9 Stunden Schlaf pro Nacht.
    - **Schlafroutine**: Gehe regelmäßig zur gleichen Zeit ins Bett und stehe zur gleichen Zeit auf, auch an Wochenenden.

Gut gemeinte Ratschläge für jeden, der es einhalten kann.
Es gibt Lebenssituationen, in denen dies nicht möglich ist und grade, wenn die Kinder noch klein sind, oder man im Job sehr eingespannt ist, funktioniert ein gesunder Schlaf Rhythmus genauso gut, wie Tango tanzen bei Glatteis, nämlich gar nicht.

4. **Stressmanagement**:
    - **Entspannungstechniken**: Praktiziere Entspannungstechniken wie Meditation, Yoga oder Atemübungen, um Stress zu reduzieren, der zu Erschöpfung führen kann.
    - **Pausen**: Nimm dir regelmäßig kurze Pausen während des Tages, um dich zu erholen.

5. **Umgebung**:
    - **Frische Luft und Sonnenlicht**: Verbringe Zeit im Freien. Natürliches Licht kann den Energielevel steigern und die Vitamin-D-Produktion anregen.
    - **Arbeitsplatzgestaltung**: Sorge für eine angenehme und ergonomische Arbeitsumgebung.

6. **Gesundheitszustand**:
    - **Regelmäßige Check-ups**: Lasse dich regelmäßig von einem Arzt untersuchen, um sicherzustellen, dass keine gesundheitlichen Probleme vorliegen, die deine Energie beeinträchtigen könnten.
    - **Vitamin- und Mineralstoffmangel**: Lasse bei Bedarf deinen Vitamin- und Mineralstoffstatus überprüfen und ergänze diese entsprechend.

Durch die Integration dieser Maßnahmen in deinen Alltag kannst du deinen Energielevel effektiv steigern und ein höheres Maß an Vitalität und Wohlbefinden erreichen.

Spirituelle Energie zu steigern kann helfen, ein tieferes Gefühl von innerem Frieden, Zufriedenheit und Vitalität zu erreichen.

Hier sind einige Methoden, um deine spirituelle Energie zu erhöhen:

1. **Meditation**:
    - **Regelmäßige Praxis**: Meditiere täglich, auch wenn es nur für ein paar Minuten ist. Dies kann helfen, den Geist zu beruhigen und eine tiefere Verbindung zu deinem inneren Selbst zu finden.
    - **Atemübungen**: Achte auf deine Atmung und verwende Techniken wie Pranayama (yogische Atemübungen), um deine Energie zu zentrieren und zu erhöhen.
2. **Achtsamkeit**:
    - **Im Moment leben**: Übe dich darin, im Hier und Jetzt zu leben. Achtsamkeit kann helfen, Stress abzubauen und deine spirituelle Energie zu steigern. Darüber hinaus hilft es seinen Fokus auf die wesentlichen Dinge zu lenken und geerdet zu sein.
    - **Achtsames Gehen**: Gehe langsam und bewusst, spüre jeden Schritt und die Verbindung zur Erde.

3. **Gebet und spirituelle Praktiken**:

    - **Regelmäßiges Gebet**: Wenn du einer religiösen Tradition folgst, kann regelmäßiges Gebet helfen, dich mit einer höheren Kraft zu verbinden und spirituelle Energie zu tanken.

    - **Rituale und Zeremonien**: Nimm an spirituellen Ritualen oder Zeremonien teil, die dir wichtig sind. Diese können eine tiefe Quelle spiritueller Erneuerung sein.

    - **Dankbarkeit und Segen**: Ein sehr wichtiger Aspekt, den du in deinen Alltag integrieren solltest, ist Dankbarkeit, Wünsche und Segen.

4. **Naturverbundenheit**:

    - **Zeit in der Natur verbringen**: Verbringe regelmäßig Zeit im Freien. Die Natur kann eine kraftvolle Quelle spiritueller Erneuerung sein.

    - **Erdung**: Praktiziere Erdungstechniken, wie barfuß auf dem Boden zu gehen, um dich energetisch mit der Erde zu verbinden.

5. **Selbstreflexion und Tagebuchführen**:

    - **Tagebuch schreiben**: Reflektiere regelmäßig über deine Gedanken und Gefühle. Tagebuchführen kann helfen, Klarheit zu finden und spirituelle Einsichten zu gewinnen.

    - **Dankbarkeit**: Führe ein Dankbarkeitstagebuch, indem du täglich Dinge aufschreibst, für die du dankbar bist. Drei Dinge morgens, drei Dinge abends.

6. **Kreative Ausdrucksformen**:

    - **Kunst und Musik**: Beschäftige dich mit kreativen Aktivitäten wie Malen, Schreiben oder Musizieren. Kreativität kann eine tiefe Quelle spiritueller Energie sein.

    - **Tanzen**: Tanze frei und lasse deine Energie fließen.

7. **Lesen und Lernen**:

    - **Spirituelle Literatur**: Lies Bücher und Schriften, die dich spirituell inspirieren und dir neue Perspektiven eröffnen. Hierbei sehe ich aber nicht nur die spirituelle Literatur, sondern alles, was dich weiter bringt und dir Spaß macht. Ob das nun Philosophie, Gedichte, Geschichten, Lexikons, Biografien oder Geschichte ist, es spielt keine Rolle. Beschäftige dich mit dem, was dir Freude bereitet.

- **Kurse und Workshops**: Nimm an spirituellen Kursen und Workshops teil, um neue Praktiken und Ansichten zu entdecken.
- **Hobbys und Erweiterungen**: Suche dir Freizeitaktivitäten, Kurse, Seminare oder Gesprächsrunden, welche dir gut tun. Es ist nicht nur gut für die Seele, sondern auch für deine Integrität.

8. **Gemeinschaft und Austausch**:

- **Spirituelle Gemeinschaft**: Finde eine spirituelle Gemeinschaft oder Gruppe, in der du dich austauschen und gemeinsam praktizieren kannst.
- **Mentor oder Lehrer**: Suche dir einen spirituellen Mentor oder Lehrer, der dich auf deinem Weg begleitet und unterstützt.

Durch die Integration dieser Praktiken in deinen Alltag kannst du deine spirituelle Energie steigern und ein tieferes Gefühl von Erfüllung und innerer Stärke erleben.

Albert Einstein sagte einst:

„Die höchste Energie, welche in einem Raum vorherrscht, hat immer die höchste Präsenz.
Sind zwei Energien in einem Raum, wird die Stärkere Energie immer Präsenz und bestand haben.
Die kleinere, niedrig schwingende Energie wird sich entfernen oder sich anpassen".

Um noch einmal alle Register zu ziehen… ☺

Kann man machen, tut nicht Not

Es kommt immer darauf an, was man wie bewirken möchte.
Es ist ein nettes Zubrot, auch mal diese Lebensmittel zu verwenden, aber ich persönlich habe sie alle getestet und kann dem ganzen nichts abgewinnen.
Was aber eine gute Maßnahme ist und dies empfehle ich sehr gern weiter.
Verwende die Lebensmittel, die du magst mit deinem Partner oder Partnerin beim „Spielen".
Und wenn dein Gegenüber an Obst kein Interesse hat, darf es auch mal eine Pizza sein.
Der Phantasie sind keine Grenzen gesetzt.

Erotisierende Lebensmittel sind Lebensmittel, denen traditionell aphrodisierende Eigenschaften zugeschrieben werden, d.h., sie sollen das sexuelle Verlangen steigern oder die sexuelle Leistungsfähigkeit verbessern. Hier sind einige Lebensmittel, die oft als erotisierend betrachtet werden:

1. **Austern:** Austern sind wahrscheinlich das bekannteste aphrodisierende Lebensmittel. Sie enthalten hohe Mengen an Zink, das die Produktion von Testosteron fördert, sowie bestimmte Aminosäuren, die die Libido steigern können. (Zink gibt es auch als Nahrungsergänzung, somit erspart man sich diese Tiere zu essen)

2. **Chili:** Der scharfe Geschmack von Chili kann die Durchblutung anregen und die Freisetzung von Endorphinen im Körper fördern, was zu einem Gefühl der Erregung führen kann. (In Mengen, nicht in Massen.. Brennt sonst vielleicht zwei Mal ☺)

3. **Schokolade:** Schokolade enthält verschiedene chemische Verbindungen, die das Wohlbefinden steigern können, darunter Serotonin, das als "Glückshormon" bekannt ist. Dunkle Schokolade wird oft bevorzugt, da sie auch Phenylethylamin enthält, das die Stimmung verbessern kann.

(Nimm es lieber zum „spielen“, anstatt zum Essen, ist gesünder und macht mehr Spaß)

4. **Erdbeeren:** Erdbeeren gelten als sinnliches und romantisches Lebensmittel. Sie sind reich an Vitamin C, das die Durchblutung fördert, sowie an Antioxidantien, die die allgemeine Gesundheit unterstützen können. (Auch mit Schlagsahne oder ähnlichen Sachen sinnvoll)

5. **Avocado:** Avocados sind reich an gesunden Fetten und Vitamin E, die für die Produktion von Sexualhormonen wichtig sind. Sie gelten auch als sinnliches Lebensmittel aufgrund ihrer cremigen Textur. (Hab ich noch nicht feststellen können, aber vielleicht hast du da andere Erfahrungen)

6. **Spargel:** Spargel enthält viele Nährstoffe, darunter Vitamin E, Kalium und Folsäure, die die Energie steigern und die Durchblutung fördern können. Darüber hinaus enthält er Asparaginsäure, die die Produktion von Sexualhormonen unterstützt. (Falls du oder dein Partner auf NS Spiele steht, solltest du dies vermeiden)

7. **Honig:** Honig wird seit langem als natürliches Aphrodisiakum betrachtet. Er enthält Bor, das den Östrogenspiegel bei Frauen erhöhen kann, sowie

Stickstoffmonoxid, das die Durchblutung verbessern kann. (Kann man machen, muss man aber nicht)

Es ist wichtig zu beachten, dass die Wirkung erotisierender Lebensmittel oft subjektiv ist und von Person zu Person variieren kann.
Darüber hinaus ist die Wirkung dieser Lebensmittel nicht wissenschaftlich eindeutig belegt, und sie sollten nicht als Ersatz für eine gesunde Ernährung und einen gesunden Lebensstil betrachtet werden.

Danksagung

Liebe Leserinnen und Leser,

aus tiefstem Herzen möchte ich dir meinen aufrichtigen Dank aussprechen.
Ohne deine Unterstützung, Neugier und Hingabe wäre dieses Buch nicht das geworden, was es ist.
Du hast mir ermöglicht, meine Gedanken, Erfahrungen und Gefühle mit der Welt zu teilen, und dafür bin ich dir unendlich dankbar.
Deine Bereitschaft, in diese Seiten einzutauchen, bedeutet mir mehr, als Worte ausdrücken können.
Mein Dank geht zudem auch an all die Menschen, welche mich seit Jahren begleiten, Freunde, Herzensmenschen und dem Menschen, meiner Muse,

ohne den dieses Buch so niemals zustande gekommen wäre.
Danke, an meine Dualseele und das tiefgründige Verstehen darum, vollkommen zu sein, jeder von uns.
Dein Verständnis, deine Güte und deine herzliche Art machen dich zu einem sehr kostbaren Menschen.
„Geh deinen Weg, ich traue dir einiges zu"… den Insider verstehst nur du ☺.

Mit tiefster Dankbarkeit und Liebe,

Aurelia Hoffmann

Anhang

Buchtipps

"Dualseelenliebe: Dualseelenweg 'leicht gemacht'"
Von Aurora Amalia Archer
Dieses Buch erforscht die Reise, eine Dualseelenbeziehung zu erkennen und zu genießen. Sie teilt persönliche Erfahrungen und bietet Tipps und Tricks, um den Lesern zu helfen, schnell und einfach Glück in ihren Dualseelenbeziehungen zu finden.

Über mich

Mein Name ist Aurelia Schleifert, und ich wurde 1983 in der ehemaligen DDR geboren. Seit über 15 Jahren wohne ich in der wunderschönen Stadt Bremen, zusammen mit meiner Tochter, die mein ganzer Stolz ist.
Beruflich bin ich gelernte Gärtnerin – das bedeutet, ich habe nicht nur einen grünen Daumen, sondern auch ein großes Herz für die Natur.

Meine Freunde, Kunst, Musik und die Natur sind meine ständigen Begleiter.
Doch das ist noch längst nicht alles!
Meine Leidenschaften sind so bunt und vielfältig wie ein sommerlicher Blumengarten.
In meiner Freizeit und auch beruflich widme ich mich der Politik und helfe Frauen, ihre absolute Weiblichkeit und ein authentisches Leben zu finden.
Dabei spreche ich offen über Aspekte der weiblichen Sexualität und stehe meinen Klientinnen mit Rat und Tat zur Seite.
Außerdem lebe ich nach den Prinzipien des Stoizismus – einer Philosophie, die mich schon mein ganzes Leben begleitet und geprägt hat.
Ich bin ein absolut authentischer und ehrlicher Mensch, und das wirst du schnell an meiner offenen und kommunikativen Art merken.
Ich sage, was ich fühle und denke, und spreche dies auch immer ehrlich aus.

Wer mich kennt weiß, dass ich mir kein Blatt vor den Mund nehme und erst recht nicht, um anderen Menschen zu gefallen.
Es gibt keine versteckten Hintergedanken, nur pure Transparenz.
Ich freue mich, dich mit meinen Worten inspirieren zu dürfen und dir einen kleinen Einblick in mein Leben und meine Gedankenwelt zu geben.
Wer weiß, vielleicht findest du in meinen Geschichten und Erlebnissen einen Funken, der auch dein Herz zum Leuchten bringt.

- **Kontaktinfos und Netzwerke**

Meine Webseite:
http://www.geheimtipp-leben.de

Sexualität und Stoizismus:
http://www.woman-4-live.de

Politik Blog
http://www.aurelia-politik.blog

Herstellung und Verlag: BoD – Books on Demand, Norderstedt
ISBN: 9783759743732